教育行者的成长足迹——
一步一阶，潜心实践

单金雪 编著

山西出版传媒集团
三晋出版社

图书在版编目（CIP）数据

　　教育行者的成长足迹：一步一阶，潜心实践 / 单金雪编著. -- 太原：三晋出版社，2022.12
　　ISBN 978-7-5457-2658-9

　　Ⅰ.①教… Ⅱ.①单… Ⅲ.①幼儿园—管理—研究 Ⅳ.①G617

中国国家版本馆CIP数据核字（2023）第008232号

教育行者的成长足迹：一步一阶，潜心实践

编　　　著：	单金雪
责任编辑：	张　路
出 版 者：	山西出版传媒集团·三晋出版社
地　　　址：	太原市建设南路21号
电　　　话：	0351-4956036（总编室）
	0351-4922203（印制部）
网　　　址：	http://www.sjcbs.cn
经 销 者：	新华书店
承 印 者：	山西基因包装印刷科技股份有限公司
开　　　本：	720mm×1020mm　1/16
印　　　张：	10
字　　　数：	150千字
版　　　次：	2023年9月　第1版
印　　　次：	2023年9月　第1次印刷
书　　　号：	ISBN 978-7-5457-2658-9
定　　　价：	56.00元

如有印装质量问题，请与本社发行部联系　电话：0351-4922268

前言

今天跟大家见面的是我自己30多年的教育生命历程的缩影,是把一个朴素的自己交给朴实教育的真实过程,从一线教师经历不断学习、实践、内省、沉淀以及不断成长与超越的缓慢历程。

记得一位智者说过,人这一生的成功不是金钱、财富和物质享受的积累,而应是自己生命体验的累积;看见真实的自己、遇见勇敢的自己,听见坚定的自己,享受谦卑的自己是一件多么幸运的事啊。记得在小学学习阶段,就听老师讲过"铁杵磨成针""愚公移山""后羿射日"的故事。长大后,谨记恩师的教导:"教育是心无旁骛的事业,要下足笨功夫、要日日不断之功的累积、要像钻地猴一样潜心专注……"多年来,我一直铭记在心的事就是专注地坚信成长,用实践不断攀登自己心中的高峰,向内观己、用行动见证成长成为我一路前行的不竭动力。

回顾32年任教工作与生命成长的历程,一幕幕、一桩桩真实的映心而动、映眼帘而出,每一段成长经历都是那么的真实和铭心,从而让我更加坚定做老师、做好老师的信心和决心。特别是党的十八大以来,习近平总书记从国家繁荣、民族振兴、教育发展的大局出发,深刻阐释了教育工作和教师工作的极端重要性,明确提出成为一名党和人民满意的好教师要具有"四有""四个引路人"和"四个相统一"标准。这些标准让我更加明确了"好老师"应该是在思想、道德、学识、能力、作风、纪律等方面全方位提升,高素质、专业化、创新型教师的行动中应蕴含"德"体现"引"。

30多年不忘初心，30多年一路前行，每一天有孩子、老师、书本的陪伴，无不让我体会到由一名新教师成为研究型教师、由一线教师岗位转为管理岗位的心酸与喜悦。心酸起因于自我能力不足和视野不阔，喜悦源于持续努力后的蜕变和觉醒。

纵观32年的个人成长，从教学实践层面看，由一线新教师—成熟教师—研究型教师的逐阶递进；从发挥示范作用上看，由园级骨干教师—区级骨干教师—市级骨干教师的迈进；从管理经验的累积上看，由教学班长—保教主任—业务园长—园长—书记的拓展；从参与园所体制看，由公办体制—公管民营体制—非教育部门转制—公办零起点新建园的过渡；从学习经历上看，由幼儿师范中专—幼儿教育专科—教育管理本科—教育与发展心理学研究生课程学习—心理咨询师的学习；从深度研究与兼职分享层面上看，参加北京市首批名园长发展工程班学习—北师大教育家书院第四批兼职研究员学习—基本书院学术委员会委员等。从园所全面管理看，调任非教育部门转制的幼儿园担任园长工作9年；承担零起点的新建幼儿园管理4年。一步一阶的成长历程，让我对教育教学、儿童发展和园所全面育人有了较为充分的认知和理解，同时也尝试在实践中以研究的思维方式、研究态度和方法开展全面工作，力求更系统地优化和提升教育教学质量。

多年来，一直深入教育教学实践研究，参与北师大张燕教授的幼儿园室内自选游戏的课题研究，中科院心理所国家重点攀登课题李文馥教授的幼儿自主性绘画的创新实践研究，北京市0~3岁早期教育的创新与实践研究，北京教育科学研究院主持的和谐课程的研究，本人主持的市级课题以图画书阅读为载体的课程开发研究，区级规划课题幼儿园生活课程的开发，市级课题原创绘本开发与利用的实践研究等。目前参与发表或评选获奖的学术论文、课题研究成果、管理经验文章百余篇，参与编写书籍有《园丁足迹——崇文区学校管理案例集》，由北京出版社、北京教育出版社出版；《幼儿园游戏指导》，由北京师范大学出版社出版；《快乐亲子园》，由农村读物出版社出版；《幼儿园和谐发展课程(中班)》,由教育科学院出版社出版,等等。

本书是从园长的视角,以园所管理、队伍建设、儿童发展、课程建设的整体性推进为主线,将自己13年的园长管理与实践研究经验进行整理,试图对园所教育质量提升的全貌进行复盘。这些经验文章虽在杂志、报刊上发表或是在不同讲座中进行分享,但是由于时间久远、跨度比较大、难免会有零散经验难以整合的错觉,为此重新进行梳理完善。

第一部分以幼儿园文化管理开篇,将幼儿园管理的办园方略、价值体系、队伍培养、儿童发展等几个版块内容进行实景、全面的呈现,力求引导读者走进曾经的我们,一起感受园所成长、教师成长、幼儿成长的一体化进程;第二部分以课题和课程专项研究展开,是基于办园理念,立足"敬畏生命,用儿童喜欢的方式做教育"的基本立场,研究幼儿发展、教师成长、家长参与的"三位一体"推进模式,研究以"意识、能力、好习惯"为主线的育人体系和有效支持策略等。

多年的教育研究与实践,让我深刻地感受到自己从研究教育事件向研究教育对象发展的转变,归其原因:一是多年学习的教育学、心理学、社会学、管理学的理论在教育实践中的高度融合。二是多年教育实践反思的不断升阶,起初研究教育内容、教育手段、教育方式、教材与环境,其次研究教育对象的需求与支持策略,最后到研究教育者本人的教育初心、教育方式、教育实践逻辑,等等。

"实践是检验真理的唯一标准。"教育教学管理与实践研究,让我体会了在"知"与"行"统一的过程中教育真谛的呈现——用教育实践呈现教育初心,用教育实践坚定办学方向,用教育实践感化教育对象,用教育实践呈现教育成效。教育实践是教师专业成长的重要基石;是教育传承的重要路径;更是构建教育大视野、大格局的重要载体。躬身投入教育实践,以深耕、勤耕、细耕之心面对每一个教师、每一名幼儿,让教育的真诚、真实在情境中流动、流淌……

32年的学习与实践、反思与成长,让我感受到做一名教育工作者的喜悦,虽不是一帆风顺但能一步一阶,虽不是光环照耀但能硕果累累,虽不是桃李满天但能心存感恩:感恩各级领导的培养锻造、感恩长辈和同行的激励和引导、感恩同事和同伴的陪伴和滋养、感恩孩子们真诚的给予与信任、感恩家人的默默支持、感恩自己使命的发现与坚守。

教育是一片天,让我体悟天空的高远;教育是一扇窗,让我感受阳光照耀的温暖;教育是空气,让我体会呼吸的自由;教育是雨露,让我内心得到滋养;教育是大地,让我感受茁壮成长的喜悦。为了心中的那份美好,我每天生活在感恩的世界里,教育如此的美好,如诗、如画、如歌……

一路走来,深刻感受到教育研究与实践中教育智慧的生发、教育心态的平和、教师静气的流露,每一个小小的改变和提升都让我欣喜,痛处生花的美好在一个个不经意间自然地开放……

成长是生命的必然,它不是人生某一个阶段的过渡期,而是整个人生;成长是自我蜕变后的新生,不管你愿不愿意,用"向死而生"的坚定完成一生的使命;教育是我成长的使命,是要用一生完成的事业,最终把自己朴素地交给教育。

目录

第一部分 幼儿园文化管理 ···1

第一章 高起点办园 ···2

第一节 高起点办园 培养健康人 ··2

第二节 软化管理 用文化凝心聚力 ··4

第三节 园长要做"三种人" ···6

第四节 一份特殊的营养餐 ···7

第五节 小处着眼大处着手的"贴心人" ···································8

第二章 发现机遇 ···10

第一节 幼儿园文化管理中的"转"与"转" ·····························10

第二节 幼儿园发展的准确定位 ··18

第三章 诗意生长 ···20

第一节 在静水深流的百花园中诗意成长 ·································20

第二节 用孩子喜欢的方式做教育 ···22

第四章 自成体系 ···27

第一节 幼儿园"崇文尚善 静水深流"品牌建设之路 ···············27

第二节 携手同心共谱"革幼"新篇——启动雁行管理模型

　　　　绘制革幼蓝图 ··49

第二部分 专项研究与实践 ·············54

第一章 图画书阅读的课程开发 ·············55

第一节 以绘本阅读为载体促进幼儿主动发展 ·············55

第二节 绘本《彩虹色的花》中班说课案例 ·············62

附1 活动四：中班《彩虹色的花》的说课稿 ·············65

附2 活动四：中班语言活动《彩虹色的花》(教案) ·············67

附3 活动五：中班《彩虹色的花》的说课稿 ·············69

附4 活动五：语言活动《彩虹色的花》(教案) ·············70

第二章 关于幼儿自立能力培养的实践研究 ·············73

第一节 研究报告《幼儿自立能力培养的实践研究》 ·············73

第二节 让孩子成为更好的自己 ·············85

第三章 衔接教育的实践研究 ·············89

第一节 入口衔接 ·············89

第二节 出口衔接 ·············96

第三节 升班教育 ·············101

第四章 家、园、社协同教育研究 ·············106

第一节 好习惯养成的重要性及深远意义 ·············106

第二节 构建家园教育合作关系，为好习惯养成奠基 ·············108

第三节 明确幼儿发展特点和任务，为好习惯养成护航 ·············109

第四节 家园互助交流，为好习惯养成提供助力 ·············111

第五节 家园共育，孩子是重要的动力源 ·············121

第六节 免费社区早教的新尝试 ·············124

第五章 教师管理与实践的研究 ……………………………………126
第一节 "医教整合"促幼儿健康成长 ………………………126
第二节 解放"蜘蛛人"的管理策略 …………………………128
第三节 交白卷的新老师——关于压力的破解 ………………130
第四节 幼儿园教师集体教学活动中的实践与思考 …………133
第五节 幼儿园自主游戏的组织与实施 ………………………141

后记 ……………………………………………………………………149

第一部分　幼儿园文化管理

随着教育改革的发展,人们对教育管理的认知维度发生了改变,教育是社会发展的重要组成部分,教育管理与社会管理有着不可分割的关系;教育发展要为社会发展培养有用的人,最终为社会创造更多价值。以下是我在担任园长以来在崇文幼儿园和革新里幼儿园的文化建设与管理的实践探索历程。它就像一个小孩子从牙牙学语—步履蹒跚—精进实践的成长过程,也是我从好奇走向丰满的惊喜过程。

第一章 高起点办园

由于现代企业管理已经形成了一套系统优秀的管理经验，取其精华以植入园所管理，开展实践探索是我的初心。2019年7月，我承担了书记、园长工作，这是我第一次以全园管理者的角色面对自己的工作。由于崇文幼儿园的历史特殊性和要面对发展的挑战性，于是我决定以文化管理的方式开启崇幼的新发展阶段。

崇文幼儿园（原名崇文托儿所）于1980年建园，是北京市一级一类幼儿园、北京市特殊教育示范基地、北京市早期教育示范基地，由3所托儿所经2次合并于2011年更用现名。崇幼充分发掘自身潜力，实现持续快速发展，尤其2009年以来，每年都上一个新台阶，成为东城区幼教界的后起之秀。崇文幼儿园用自己的实践证明了：1+1+1＞3。

【教育新理念（采访篇）】

第一节 高起点办园 培养健康人

从光明幼儿园的一线教师到主抓业务的副园长，再到大地实验幼儿园乃至后来调任崇文幼儿园一肩挑起园长、书记重担，带领全园教职工"二次创业"，单金雪一直将这些经历视作自己的宝贵财富。基于多年来在教学一线和业务管理上的实践积累，她以文化办园为理念来定位园所发展。面对幼儿园教师、孩子这两大主体，她把"培养健康人"作为培养目标，用这一价值追求和理性认识来指导老师的教育实践,指导班子发挥引领作用。

单金雪认为,落实国家《纲要》追求的教育理念、创造高质量的幼儿教育、促进幼儿的健康成长,这些都是需要通过教师的工作去实现的。因此在教师培养上,崇文幼儿园以"育慧为本、重爱育心"为原则,倡导教师加强德行修炼;倡导教师增强职业忠诚度;倡导教师积极提升专业能力。这"三倡导"就成为幼儿园师资队伍建设的重要途径。

单金雪园长把"三倡导"涉及的内容,形象地比喻成一棵树,她说"我们可以把德行修炼看成是树根,职业忠诚看成是树干,而专业技术则是那些外显的枝叶。"这一认识也是源自8年的业务管理经验和12年的一线教学积累。

在实践中,为了增强老师自我成长的内驱力,让每个人在成长中体验快乐和幸福,崇文幼儿园开展了"守候心灵阳光"等一系列主题培训,如对教师进行《弟子规》培训,围绕《弟子规》的背景及现实意义,组织教师结合实际开展研讨。通过培训温暖和滋养老师、干部的心灵。同时,不断提供机会,让老师们在实现自我价值中获得"幸福感"。要获得"幸福感",就必须对当下工作有责任感,对未来要抱有信心。为了帮助教师和干部培养良好的职业价值观,为教师的职业发展指明方向,单金雪还主持开展了"职业规划与忠诚"的主题系列培训,引进中科院心理所"EAP员工帮助计划",帮助老师们缓解工作压力、改善工作情绪、提高工作积极性、增强自信心,使教师能够有效地处理与同事、家长之间的关系。根据每位教师的个人特点,帮助寻找自身成长的目标,为不同教师搭建成长平台,让干部与教师在实践中体悟生命责任并实现职业价值。

"培养健康人"理念的另一个落脚点是孩子。单金雪认为,对于幼儿教育来说,培养出社会需要的人,应该健康是第一位的,有健康的习惯,健康的心态,健康的行为,健康的身体等。因此,她把"良好习惯的培养、健康人格的培养、幼儿全面能力的提升"作为一个完整的幼儿成长体系,贯穿于教育过程中。

通过平时的常规教育、活动来促进孩子良好习惯的培养;依托"以图画书阅读为载体,促进幼儿心智成长"的课题研究,帮助教师了解幼儿的需要、兴趣,有效促进幼儿情感、态度的发展和健康人格的培养;通过主题活动、亲子和实践活动来满足孩子社会适应、人际交往、动作协调、情绪情感的发展需要,提升他们的综合素质。

2021年1月,顾明远先生来到崇文幼儿园,对他们的办园理念予以肯定和指导。这对单金雪园长和老师们来说,是一个很大的鼓舞。带着这份自信和执着,崇文幼儿园在"培养健康人"的教育实践中将会为我们带来更多期待。

【教育新改革(采访篇)】

第二节 软化管理 用文化凝心聚力

崇文幼儿园是由3个单位合并而成的,不同的单位都有自己的文化氛围、风格和传统,再加之不同的个人,也都有自己的个性,因此要形成共同的价值认同,需要一个彼此磨合、适应和接受的过程。而在这一过程中,领导要做好"润滑剂","靠简单、刻板制度管人是不行的,要用心来对待人,用情来打动人"单金雪园长说。

要办出一流的幼儿园,就要有一流的管理。而文化管理是一种高层次的软管理,不以"规章制度为中心",用制度约束管理员工,而是"以人为中心",依靠民主管理,从内心深处激发员工的潜能、主动性和创造精神,使教师心情舒畅、全力以赴地做好日常工作。在崇文幼儿园,单金雪推行的正是这种"柔性"的文化管理。

在单金雪看来,"崇文幼儿园是一个大花园,每个人都是不同种类的花草,他们都有自己独特的个性,彼此都有差异。要尊重差异,并按照师幼的成长规律来实施教育策略,才能创造适应每个人生长的环境"。物质环境是师生在园生活的空间载体,师生是在和环境的交互作用中共同成长的。为了给老师们创建温馨舒适的办公环境,崇文幼儿园积极加强科室文化建设,积极帮助老师进行价值引领和渗透,使办公室都渗透着浓浓的艺术情趣和人文关怀。

在单金雪的办公室,挂着一幅玫瑰图。她说,盛开的玫瑰象征着爱的力量,作为幼儿教师,就要拥有一颗真诚的爱心,用母亲一样的细心、耐心、责任心和宽容心去呵护每一个稚嫩的孩子。作为园长,首先要有爱的能力和爱的愿望,"因为我们实施的是爱的教育"。

在副园长室的墙上画着一朵金黄的向日葵,它代表着园领导班子的精诚团结、积极向上和阳光乐观的精神风貌;在财务室的墙上画着一朵怒放的牡丹花,花的繁茂更凸显"人兴财旺"的文化主题。用单园长的话说,"只有园所有人气了,大家心态积极了,我们的物质和精神财富才会越来越旺";进入医务室,首先映入眼帘的便是代表着"温馨、温润"文化的橙色百合花。老师告诉我,橙色的百合能够减少孩子进入医务室时的恐惧感,有利于孩子的健康保健……

以"花"为主题,根据不同办公室的工作内容、员工特点等精心设计的文化装饰使得每间办公室都别具一格,尽显风采,充满着无限生机与活力。环境优美、文化飘香的办公室和楼道,能给所有来人带来不同程度的惊喜,成为彰显崇文幼儿园个性和追求的一大亮点。

作为一个幼儿园的"魂",园长的内涵修养非常关键,它直接决定着办园风格和发展理念。在教职员工的心目中,单金雪一直都是对人诚恳、宽容平和的"单老师",她带头实践着"培养健康人"的理念,尊重、善待老师和职工,努力为每个人营造职业幸福感,让他们成为身心健康、人格健全、热爱工作也热爱生活的人,让教育变成他们生命中美好的事情。信任、鼓励、理解教师,给予他们有针对性的培训、有价值的指导,为教师的成长提供实质性的支持和帮助,和老师一起分享成长的快乐;形式不断创新的"园务会"将园务工作、党务工作和事务工作紧密结合起来,真正使大家既感受到了新的挑战,也在真实、真诚的互动中得到了历练,收获了成长……

在崇文幼儿园这个大家庭里面,只有分工的不同,没有等级之分,教职员工在人格上都是平等的兄弟姐妹,不仅在工作上互携互助,在生活中,更是情同手足,不管是谁有生活上的困难,大家都会各尽所能,帮助想办法,解决问题,"爱"的文化时刻在传播和放大。

[校长讲述]

第三节 园长要做"三种人"

我们积极帮助教师与幼儿育心,不断改造园内可用场地,增加幼儿学位和班级数量;更重视抓软件建设,凝心聚力,提高员工的专业修养、学历水平和实践能力。通过3年的不懈努力,使得园所教育质量突飞猛进。全体教职工积极主动地奉献,一个个鲜活的教育故事不断温暖着大家的心。

在教育教学中我们崇尚并倡导"让知识参与生命的重构"的发展理念,用这一理念指导我们的实践活动,让孩子不是简单地学习知识、学会知识,而是让他们的认知、情感、意志、态度等都参与到学习中来,使孩子们在认知的同时,感受和理解知识的内在意义,获得精神的丰富和完整生命的成长。

教育实践中,我始终在思考"园长的角色是什么?"刚来崇文幼儿园,我就一人挑起了园长、书记的重担,平时既要做园所整体发展规划的设计者,还要做业务上的指导者,同时还要做好党务工作、师德建设和思想引领等工作。几年的经历使我意识到,园长应该不断学习完善自己,要做"点亮心灯的人""帮助教职工找到希望通道的人""持续给予力量的人"。

记得有一次,一位年轻教师来找我要求调动工作,她是从条件比我们好的园调过来的,来了之后心里有落差,自己一直解不开这个"结"。当时他的父亲也来园里找我,支持她辞职。尽管园里正缺人,可我没有考虑到这个"缺"谁来补的问题,而是站在她和家长的角度,结合她的个人发展规划和要调入单位的情况,苦口婆心地帮父女俩分析了近4个小时,分析完之后还是把决定权交给了老师自己。当天晚上10点多,我接到了这位老师父亲打来的电话,他在表达歉意的同时也表示孩子愿意继续留在园里工作。

其实,类似的事例还有很多。我觉得解决问题或做某件事情,一定不要仅仅就事来"论事",一定要通过解决过程达到育人的目的。走过几个园所,让我感触最深的是,老师遇到的最大困惑就是自己在十字路口徘徊的时候,没有人帮助他找到希望,找到正确的道路。引领的人要成为帮助教职工找到希望通道的人,这一点很关键。要点亮他人的心灯并非易事,尽管这个过程可能会比较漫长,但却是有深远意义的。在老师自信心不够的时候,要给他帮助和鼓励,持续地给他力量,力所能及地为他提供平台,让他觉得自己行,从而让他在比较宽松和自主的环境中去寻找自己的职业道路。

园长怎么使用自己手中权力？我把"权力"当作一种责任,坚持"真诚、友善、团结、精进"的服务理念,善待每位教职工和每个孩子,对人诚恳收获的是理解与尊重,对事用心收获的是互助与成功。

【校长故事】

第四节 一份特殊的营养餐

在崇文幼儿园,大家的意识里没有在编员工和外聘员工之分,所有的外聘员工都能享有和在编老师相同的待遇。"在我心目中大家都是平等的,走进崇文幼儿园,你就是崇幼人,人们只是分工不同,承担的责任不同",单金雪这样认为。

在管理过程中,她将不放弃每一名员工,不放弃每一个孩子,作为一个教育者的责任。一名在校工作7年的外聘员工,因为工作岗位的调整,出现了情绪波动,以致在新的岗位上出现了严重过失。对此,单金雪同样以平和耐心、情理融通的心态予以处理,对他的工作进行了恰当的安排,重新调动了他的积极性。

2012年7月,还是这位员工,已经离婚13年的前妻身患重病,急需治疗费用,这对于收入不高的他来说,实在困难不小。当单金雪得知这一情况后,深深被这名员工对前妻主动承担的做法所感动。她马上动员支部为该员工捐了3000元钱。10月份,园工会又帮了他1000元。

2012年11月,当该员工的爱人再次需要几万元进行住院化疗时,单金雪得知当晚又组织班子召开紧急会议,商讨解决办法,第二天又继续讨论。"这个时候治病救人是第一位的。但园里人不多,想要靠捐款来治病,无疑是杯水车薪。当时我就想,一定要想出一个办法来,既能治病又能保证他的生活"单金雪说。经过商讨,园领导班子决定这件事按"特急特例特办"情况解决,顶压力冒风险,提前预借部分工资给他。

尽管这位员工没有接受园里的方案,鉴于他家的实际情况,单金雪还是在支部生活会上做了一个提议:从幼儿园成人伙食里,每天为他爱人提供一份营养餐,除此之外,每月再给他爱人30个鸡蛋。"我知道在治疗过程中,病人的营养是非常重要的"单金雪说。没想到,她的这个提议立即就得到大家的赞同。从那天起,园里每天为这位员工的爱人提供一顿免费营养餐,一个免费的鸡蛋,至今都未间断。懂得尊重教职工,善待教职工,给每位职工阳光般的温暖,在崇文幼儿园,这种善待和温暖已经折射到幼儿身上,并荡出和谐的涟漪,层层放大、延伸。

【校长印象】

第五节 小处着眼大处着手的"贴心人"

她有着22年丰富的教学、管理经验,她是北京市园长里面最年轻的高级教师。眼前的单金雪身着黑裙,皮肤白皙,打扮简约利索,外表优雅知性。如果不是走近采访单园长,我很难想到,她还是一个内心柔软,感情细腻的人。

去年年底,一位年轻职工因为饮酒"闯祸",被带到派出所。知道消息时,已是午夜休息时间,单金雪马上和家人开车一块把他接了回来。谈到那天的经历,她几度哽咽,眼里闪着泪花。在她眼里,每个员工都是集体不可或缺的一员,她"尊重每一名员工,帮助每一名员工,不放弃每一名员工"。把一所资金短缺、人员思想混乱、干群关系紧张、教师专业化水平不高的薄弱园由弱带强,逐渐形成内涵,树起品牌。这些既离不开这所幼儿园全体教职工的团结努力,更离不开单金雪园长的掌舵引领。借鉴"文化管理"的发展理念,低起点高定位。有思想,有眼光,她是这样一个人。

单金雪笑称被媒体争相报道的免费早教班为"'晒出来'的早教服务"。她说:"这个早教班让我们了解更多的社会需求,为更多孩子和家长服务,倾听更多家长的声音。""是崇文幼儿园教育融入社区、回馈社区、普惠于民的一项重要举措,是开放办园的一项尝试,也是我们承担社会责任的一种表现。"其实,这个实践更多源于一个办园者的胸怀和社会责任感。有胸怀,有担当,她是这样一个人。

在生活中她就是大家的榜样,在工作中她就是大家的伙伴,在困难中她就是大家的朋友,在学习中她就是大家的导师。在多年的教学、管理实践中,她充满尊重、充满理解、充满赏识、充满激励,能够把教育变为一个充满生机的过程。做点亮希望心灯的那个人,做帮助教职工找到追求幸福通道的那个人,做持续给予力量的那个人,小处着眼大处着手,单金雪是崇文幼儿园这个大家庭的"贴心人"。

第二章 发现机遇

　　文化管理是社会管理中的一个大概念,它的核心是"人"。园所尝试将企业管理的优秀经验植入教育管理中,探索一种新的幼儿园内部运行模式,将园所管理、队伍培养、课题研究与日常工作融合在一起,将育人、育健康人的目标根植于实践之中。园所在实践、研究、总结的基础上,提出了"全园围着办园理念转;干部围着教师专业发展转;教师围着幼儿健康发展转"的工作思路,通过"转观念、转机制、转做法"来进行文化管理,使教职工在宽松的工作氛围中享受职业发展的幸福。

第一节 幼儿园文化管理中的"转"与"转"

一、幼儿园文化管理的背景

　　文化管理是社会管理中的一部分,为何要把这种先进的经验引进到幼儿教育管理工作中呢?首先,我认为要站在社会整体发展的高度看幼儿园发展,需要借鉴优秀企业管理理论和经验,来尝试拓展教育管理模式的新途径和新做法;站在人性本善的角度看园所成员,需要尊重他们的积极性和主动性,来促进其由被动发展到主动发展的转变,从而在工作和学习生活中体会自己的价值感和幸福感。从文化内涵看——"文化核心是人",人就是在关爱、理解、尊重、信任、交流、互助中发现和发展潜能。其次,还要从园所历史背景看发展,需要引进新的文化管理模式。崇文幼儿园(原名崇文托儿所),2008年隶属关系由区卫生局划转为教委,2011年9月顺利更名为崇文幼儿园。回归教委的几年来,我们努力探索、实践幼儿园发展的微创新,力求让老园绽放新光彩,让小园呈现新精彩!作为园长在践行文化管理的过程中,逐步思考、清晰着以下三个方面的问题。

(一)关于我

1.我是谁?具体的角色定位?从内在修养方面,园长——点亮希望心灯的那个人;持续给予力量的那个人;帮助教师找到幸福通道的那个人;从实践素养方面,园长——基层团队的掌舵之首、园所管理的暖心之首、育幼专业的能动之首、教育科研的助推之首。

2.为了谁?为了谁的什么?园所——生态发展;教师——专业发展;幼儿——健康发展。

3.依靠谁?依靠谁的什么?行政部门——保驾护航之力;教师团队——研究实践之力;自身——发展内驱力;家长资源——合作之力;社区——承载之力。

(二)关于园所

1.幼儿园像什么?静水深流的百花园;儿童的乐园;人才的摇篮。

2.幼儿园是什么?是育人的场所,是保障生命健康成长的教育机构。

(三)二者之间的关系:平衡与镶嵌

平衡——指的是我的内在发展需求和外在组织需求之间的关系,是需要在两个角色间不断行走、感悟、实践,从而达到一种成长中的平衡状态。

镶嵌——指成长与发展中做到你中有我,我中有你的印迹状态。

二、幼儿园文化管理的理念与方法

(一)崇幼发展定位与办园理念

在"文化办园"的背景下:用"以人为本"的思想理念,以"构建生态家园 培养健康人"为目标,以"真诚、友善、团结、精进"为价值标准,以"身健求真、心健求善、行健求美"的工作途径,确定崇幼育人目标,在教师队伍培养上提出"三倡导"——倡导德行修炼、职业忠诚、岗位能力提升;幼儿成长提出"三培养"——健康习惯、健康人格、健康能力。努力将园所办成百姓满意的"普惠优质 精品特色"幼儿园。

(二)文化管理核心与原则

核心:服务意识与服务能力。

原则:指导落地、实践落地、发展落地。

三、管理者专业能力理念与做法

(一)转观念——以服务群体的发展为工作目标

1.三个主体围转:园所、教师、孩子。

2.三个目标围转:全园围着办园理念转(生态发展);干部围着教师转(专业发展);教师围着孩子转(健康发展)。

通过几年的走进工作现场、走进心灵的活动,使我明确了全园围着办园理念转,干部围着教师转,教师围着孩子转的管理思路,扎实工作,促进园所生态发展、教师专业发展、幼儿健康发展。以培养健康人为目标,以尊重个体差异、珍视生命价值为原则,以等待、欣赏、助力的心态构建生态家园。以干部队伍和教师队伍专业发展为目标,以"待人以诚、相处以敬、做事以融"为原则,以"心平气和、心心相通,将心比心"为切入点,在全园提出并实施"四跨模式"的队伍培养策略,即跨校交流——大班教师去小学担任班主任,感受学生发展的特点和需要;跨园交流——有经验的教师到姊妹园进行学习、体验、交流;跨岗位交流——后备干部参与未来岗位的组织与管理,优化习惯和管理方式;跨部门交流——保健医生进班担任保育教师了解幼儿特点,骨干教师进食堂参与膳食管理与制作。全园各岗位整体调整和动态管理,其目的是帮助教师开阔视野、增进了解、加大融合,并努力寻找适合自己发展的空间与土壤;以幼儿整体健康发展为目标,以幼儿一日真实生活为主线,以尊重生命、遵循成长为原则开展课题研究。

(二)转机制——从外在利益驱动转为内在发展驱动

在园所文化建设上,崇幼最看重的就是在工作的过程中充分挖掘教职工的主观能动性和潜能。在挖掘的过程中找到每一个教师的自我发展愿望和组织对每一个个体之间的期待的契合点。

1.组织结构的设置特点。

(1)园所管理由平面到立体。

①平面管理:园长—副园长—班长—班级教师。

②立体管理:园长—副园长—年级组长—教研组长—班长—班级教师(时

空资源的整体利用)。

(2)管理目标由单一到多元。

①单一目标:将园所的教育教学目标贯彻执行。

②多元目标:将队伍培育目标贯穿于日常教育教学的实践与管理中。

(3)执行目标由被动到主动。

①被动接受:教师是为完成工作而工作。

②主动创新:教师是为师幼共同成长而工作。

2.队伍培养方式的策略。(见表1-2-1-1)

表1-2-1-1 队伍培养方式的策略

队伍培养方式的策略					
实践目的	调动教师成长积极性,搭建适合成长的平台,逐步丰富、完善自身能力与修养,为实现个人专业价值和人生价值奠定基础。				
实践原则标准	原则	崇幼教师"三倡导"——德行修炼、职业忠诚、全面能力提升			
	表现	心里能装下几个人,就能管理几个人			
实践策略	名称	教研组长	年级组长	教学主管	项目负责人
	负责内容、管理权限	年级组教学研究	年级组大型活动的组织	全园教学工作分项管理	全园课题项目实践负责
	协调人数	4人	6人	18~20人	24人
实践特点	园所管理	由他律到自律 他律管理:完善制度的监督管理 自律管理:提升自我成长目标的督导管理			
	管理目标	由关注单一成长到关注共生共长 单一目标:关注教育教学活动运行情况 共生目标:关注教育教学活动中人的成长情况			
	岗位确定	由接受安排到自主选择 接受安排:根据工作需要确定岗位 自主选择:根据自身成长预期与园所现实结合确定岗位			
实践效果	教师行为	老师在工作中有精气神了,研究孩子发展的言行多了,自己成长的喜悦多了,成长中的自我约束、自我觉悟多了。			

(三)转方法——统筹协调,整体推进

1.日常工作——拉网式推进指导。随着文化办园的深入、《指南》理念的注入、新教师的加入给班级工作提出更大的挑战。园领导以"拉网式的班务会""拉网式的家长会"为切入点,走进班级,关注真问题,以"三体"——即教师、幼儿、家长为主体,以"三自"——即小班自理、中班自立、大班自主为途径,通过一日生活全景了解实情、发现问题、研究解决问题;通过文化活动特景帮助教师提升活动全过程设计、践行、反思的能力;通过走进班务会近景引领班长如何做好带头人,做好团队合作;通过走进青年教师工作微景帮助他们端正专业态度、建立正确的专业意识、提高专业能力。通过与老师们的座谈与研讨,强化文化办园中以人为本的核心理念,制定有效措施,梳理出文化办园下的班级工作计划的框架,从而提升班级日常工作的质量和水平。

拉网式工作观摩指导统计,见表1-2-1-2。

表1-2-1-2　拉网式工作观摩指导统计表

内容	幼儿一日生活	文化节日活动(新年)	班务会	青年教师工作
视角	全景	特景	近景	微景
主题	看教师行为、看幼儿发展	乐在长进之中,品在快乐之中	走进班,转观念,改策略	看教师行为,助教师成长
目标	1.了解教育实情、共同发现问题、分析问题,为有效解决教师培养问题提供依据; 2.为教师实施有效的教育策略提供依据。	1.提升教师在文化节日活动中的设计、实施和总结、反思能力; 2.关注幼儿的发展策略。	1.引领班长如何做好带头人; 2.掌握做好团队协调、合作的具体策略。	1.帮助青年教师端正专业态度; 2.建立正确的专业意识、提高专业能力。
程序	1.观看教师与幼儿的全部生活; 2.班级教师自评工作现状及小组进行讨论; 3.帮助教师提出整改建议; 4.平行班教师观摩; 5.梳理教师队伍培养方向及具体策略。	1.确定园所文化主题与实施方案; 2.引导班级根据本班幼儿的特点和需要确定实施思路; 3.同年龄班级教师研讨,确定班级实施方案; 4.班级环境创设与活动资源的利用; 5.实施中的现场观摩与指导; 6.活动后经验总结与分享。	1.各班班务策划; 2.班务会现场观摩与研讨; 3.班级工作研讨会; 4.教师工作感言。	1.青年教师培训(观察、了解、分析、组织); 2.过渡环节观摩; 3.上午半日工作观摩; 4.下午半日工作观摩。

续表

内容	幼儿一日生活	文化节日活动(新年)	班务会	青年教师工作
要求	1.观摩组成员根据个人负责项目学习《指南》p215—240页并根据个人负责项目明确职责和观察重点； 2.班级教师真实常态组织幼儿一日生活。	1.体现现实发展与未来成长的关系； 2.体现人文化、人性化、个性化、多样化特点； 3.明确呈现落点：环境、材料、活动、幼儿成长、交流中寻找1~2个切入点。	1.参与指导小组成员了解、分析班组文化建设中优势与不足并提出建议； 2.班长策划班会按照"PDCA"模式完成。	1.帮助年轻教师掌握爱孩子、看孩子、组织孩子的管理策略； 2.年轻教师在组织幼儿一日活动中要善于积累技能和小策略。
成效	1.观摩指导分析报告3份(教师、保育教师、卫生保健及膳食管理)； 2.活动方案及整改方案各6份。	1.形成节日文化活动开展的基本流程； 2.形成节日文化活动分析报告8份(班级6份、食堂1份，全园1份)。	1.形成班务管理的程序与标准； 2.班务会实效性保障的工作流程与标准。	1.青年教师培养方案与应对策略报告1份； 2.收集手指游戏、儿歌等实用手册一本。

拉网式工作指导模式使管理者、教学干部、教师和幼儿深度融合于教育教学真实、常态的实践活动中；在实践研究、岗位承担中感受和感悟育人过程，使教师专业成长、幼儿健康成长与园所生态成长有印迹、有依据、有方向、有策略。

2.课题研究——项目式推进指导。崇幼在2009年9月提出文化办园的主体思路后，一直在园所建设、队伍培养和活动开展中紧紧围绕"构建生态家园培养健康人"的目标，以"身健求真、心健求善、行健求美"为实施途径，以"真诚、友善、团结、精进"为价值理念积极开展各项工作；坚持育人为本、健康发展为本、质量为本的管理理念，不断提高促进幼儿全面健康发展的能力和水平；充分发挥每个教职工的积极性和主观能动性，帮助教师寻找适合成长与发展的岗位和途径，本着"人人有课题、人人有研究、人人有长进，让团队教师在实践研究中百花齐放、让实践过程减负优质"的目标，共同探索管理育人、实践育人和承担育人的文化管理推进模式，实践0~6岁一体化教育。在落实《纲要》《指南》的精神下，我们围绕幼儿一日生活的全部内容，进行课题研究，体现在幼儿健康成长的结合性、整合性和贯穿性三个方面。在三自教育、医教整合、绘本研究、幼小衔接、混龄教育等课题中，教师结合自身需求和能力，自愿报名,选择最适合自己的研究内容。通过引进专家团队,为深化课题研究提供支持,让教师在专业研究中实现专业自信。管理干部深入教学实践,采取准备时期"理思路"、研究现场"给支持"、教研之后"帮分析"的方式,让课题负责人在互动中提升专业水平。

崇幼文化领航项目实施方案

崇幼文化领航项目的实施,使园所课题研究有了新的突破——"人人有课题、人人有研究、人人有长进"局面已经形成。"种子教师"能在研究中大胆提出自己设想并积极采取实践行动,使自身专业能力不断提升;基于幼儿生活的课题研究不断深入,使幼儿健康发展具有结合性、整合性和贯穿性的特点,具体成果如下。

1. 幼小衔接研究。在跨校交流项目中,我园以"园校互动,做好幼小衔接"为切入点,从"三个深度"(深度互动了解幼小差异、深度研磨构建大班课程、深度家园共育幼小衔接将园、校工作有效结合)入手,使幼儿、家长、教师成长有效结合。

2. 医教整合研究。在跨部门交流中,我园以"医教整合,促幼儿健康成长"为切入点,将食堂、保健室、保教工作等部门划归为"一线",其目标落定在研究幼儿整体发展上。将管理岗位划归为"二线",使其不仅能进行战略指挥,更担负起了后勤保障职责。利用"三实做法"深入开展"医教整合"研究,通过保健医生和老师"跨界"实施"医教整合"、引进儿心筛查,实践"教中有医"、带班教师"跨岗",实现"健康膳食"等策略,使幼儿的健康培养成为现实。"医教整合"实现了保育、教育、膳食、保健的全面整合,让研究成果直接融入幼儿的健康成长中。跨岗交流中人员、岗位、优势的全方位互补,让"科学保教、科学膳食"的理念根植到研究团队中,让医中有教、教中有医成为教师研究中的心路历程。

3. "三自"教育研究。在顾明远先生为我园提出"儿童的乐园 人才的摇篮"的办园宗旨下,依托《纲要》与《指南》的核心精神,让幼儿在生活中利用生动的过程感受生命成长是我们追求的健康状态。根据小班、中班和大班幼儿的年龄段不同,学习特点和发展需求也不同的特点,我园在常态教育场景中提出了"三自"教育,小班推行"自理"教育,中班推行"自立"教育,大班推行"自主"教育。在特殊场景中,根据幼儿实际需要与发展特点,在小班提出求助教师要办法、中班求助同伴借办法、大班求助自己想办法,力求在幼儿逐步成长的过程中建立坚强、自信的良好品质。

培养孩子自理、自立和自主的过程,也是丰盈幼儿生命的过程。通过科研带动,把每个学段应该聚焦的培养目标进一步具体化,使"培养健康习惯,培养健康人格,培养全面能力"的教育理念进一步落实到各学段中。"让每个孩子都获得生动的体验,将来成长为更好的自己。"

管理观念、管理机制与管理方法的调整让实践落地、指导落地、发展落地成为现实,教师在整体推进过程中寻找着自身专业价值和社会价值,并与幼儿、园所一起成长。

四、园所发展的整体成效

(一)五个成功

1. 成功申报市、区两级课题"以图画书阅读为载体的课程开发与研究"项目;确立园本课题研究多项:即"大带小的混龄教育""生活中的'三自'""幼小衔接教育"等。

2. 成功开展"名家做客崇幼 共寻教育真谛""3~6岁儿童学习与发展指南公益开放""崇幼首届'幸福童年'学术与实践研讨会"等9项专题研讨活动。

3. 成功创建"明远空间",邀请顾明远先生与教师对话,为教师专业成长和致力于学前教育事业搭建学术研究平台。

4. 成功撰写教科研成果:全体教师科研成果48篇分别获国家、市、区级一二三等奖。开创了崇幼教师专业研究的新篇章。其中,本人撰写的19篇论文在报纸杂志上发表或论文评比获一二三等奖,13篇在中国教育之声、中青网上刊登。

5. 成就幼儿健康成长:参加国际思维比赛中国赛区比赛,有2名幼儿分别获得第一名和第三名的好成绩;参加"妈妈最美"活动,在全国25个省市5000多件作品中我园上交的9件作品获得1个特等奖,另外8个分获一二三等奖。

(二)三个首创

1. 2011年,我园成立了北京市首个免费社区早教班,《免费社区早教的新尝试》一文在《学前教育》杂志中发表。

2.2012年,我园首次提出"医教整合"的办园理念,研究方向得到市学前处的高度认可,并作为东城经验推广。

3.2013年,我园成为北京首个实施"跨校交流,做好幼小衔接过渡"项目的幼儿园,《跨学段交流铲平孩子入学"陡坡"》等文章在《现代教育报》上发表。

百花芬芳尽绽放,硕果累累见成长。我和崇幼一路走来,有辛酸、有欣喜,但更多的是精彩。目前全园正以争办市级示范园为目标,以培养优秀团队为方向,为打造有文化、有特色的精品名园而努力奋斗!

第二节 幼儿园发展的准确定位

北京市东城区崇文幼儿园(原名崇文托儿所)成立于1980年,曾有28年非教育部门办园的办园过程。前后经历了两次合并,于2008年由原崇文卫生局管辖回归原崇文教委领导。2009年,我来到崇文幼儿园主持全面工作,教委高度重视,增拨建设经费、改善办园条件,使园所面貌焕然一新。2011年9月,园所正式更名为崇文幼儿园。崇幼也迎来了新的发展机遇。

崇幼是学养深厚的"文化之园"。崇幼坐落于崇文门南、皇家园林天坛公园东侧,崇文尚善的地域文化引领崇幼人精神振奋,积极进取,在不断创新中传承发展。这里处处充满着真挚与美好,涌动着真心与激情,传递着真诚与友善。

崇幼是温馨友爱的"幸福之家"。年轻的崇幼虽刚过而立之年,却饱尝成长中的雨雪风霜。两次合并,隶属关系划转,坚韧的性格在岁月中磨炼摔打。园所面积虽不大,却整洁有序、玲珑秀雅。孩子们快乐幸福、乐于求知;老师们团结精进、相亲相爱,温馨友爱在幸福的园所中弥漫。

崇幼是使命在肩的"责任之体"。著名教育家顾明远先生亲临崇幼,对崇幼寄予深切关怀和殷殷厚望;市区各级领导也为崇幼的发展提供支持和帮助。使命在肩的崇幼人牢记责任,勇往直前。特殊儿童随班就读、免费早教服务社区,"做点亮心灯的人"……充满爱心的举措,让这里的每一个人都演绎生命的精彩!

崇幼是静水深流的"百花园"。在这里,每个成员都是花园中的花草。遵循规律、尊重差异、珍视个性、珍爱生命,以自然生态之势呈现园所的发展状态。

36年的岁月更迭,36年的不懈努力,如今的崇幼正满怀信心地驰骋在教育的康庄大道上。在各级领导的关心支持下,在"十二五"东城教育发展规划的指导下,积极进取、富有爱心的崇幼人一定会乘势而上,坚持走"文化建设"之路,坚定建设"文化优质品牌园所"的决心,努力让"培养健康人"的教育愿景成为现实。

第三章 诗意生长

生长是生命中不可缺少的经验活动,是不断体验成长过程中接受、转换、蜕变的转折和递进的过程。生长需要环境营造,特别是人文环境中的温暖、信任、和谐成了生长的重要动力源。诗意成长是我们对教育的期待,也是在教育中体悟生命成长的重要方向。诗和远方是教育的美好向往,也是每个教育者需要用心、用脚行走的教育之路。

第一节 在静水深流的百花园中诗意成长

一、文化育人,润泽稚雅童心

每一个孩子都是成长中的花蕾,最终都会绽放出别样的精彩,而园所只需为花蕾绽放提供适宜的土壤和环境。崇幼一直强调从人性化的需要出发来设计教育,尽可能地为孩子提供一个生态的、和谐的、多元的、适合孩子生命成长的空间。为此,园所深入贯彻学前教育方针,遵循儿童身心发展和认知的规律——面向全体幼儿,尊重每一个孩子的成长需要;面向全体教师,助推教师的事业成长,逐步确立了"崇文尚善,静水深流"的品牌建设之路,并以此统领崇幼的办园行为。

为了实现这一目标,崇幼人积极完善办园理念,构建育人模型,真正做到了特色品牌创建与园所文化打造的互相渗透、相互补充和共同完善。园所将办园目标确立为"培养健康人"。崇幼师生对"健康人"的理解是丰富多维的,不仅包括了身体健康、心灵高尚,还包括行为举止得体。基于此,园所确立了品牌创建的实施途径:身健求真、心健求善、行健求美。崇幼人始终坚持"共同生活、共促成长、共同发展"的教育理念,在此基础上确立了"真诚、友善、团结、精进"的园所精神,致力于将园所打造成"静水深流的百花园、儿童的乐园、人才的摇篮"。

二、修身立德,打造品牌团队

众所周知,幼儿年龄小,求知欲旺盛,模仿能力强,可塑性强,教师的一言一行、一举一动都在熏陶、感染着幼儿,对幼儿起着潜移默化的影响。因此,幼儿教师在孩子成长的过程中有着举足轻重的作用。在办园理念中,教师发展是孩子发展的前提,让教师在工作中享受成长的快乐、实现生命的价值是园所可持续发展的必要条件,也是学前教育的应有之义。崇幼在强化师资建设的道路上,牢固树立"教师是园所发展的核心竞争力"的理念,积极打造"专业有发展、工作有追求、生活有品质"的"三有"教师队伍。

加强实践探索,提升专业能力。教师队伍是幼儿园的核心力量,其专业水平高低直接影响着保教质量和教育教学水平。为此,崇幼积极结合教师发展愿望和园所发展期待,探索队伍培养新策略,提升教师专业能力。

依据儿童发展需求,突破管理瓶颈。具体做法是将园所管理、队伍建设课题研究、日常运行融为一体,实施"四跨模式"的队伍培养策略,即跨校交流、跨园交流、跨部门交流和跨岗位交流。通过"四跨模式"培养队伍,全体教职工在工作整合性、促幼儿发展整体性方面有了观念上的转变。

三、多彩课程,缤纷欢乐童年

随着我国基础教育领域课程管理改革的深化,校本课程越来越受到重视并进一步凸显其价值。近年来,各地幼儿园园本课程开发也呈蓬勃发展之势。在此背景下,崇幼人深入贯彻《纲要》和《指南》精神,以"共同生活、共促成长、共同发展"为教育理念,开展园本研究和课题研究,促进幼儿成长与教师成长双主体发展。

在园本课程体系的开发和构建过程中,崇幼以《纲要》为指导,努力使幼儿园课程生活化、个性化、多样化,不断扩展幼儿生活和学习的空间,使幼儿园课程进一步贴近社会现实、贴近生活、贴近大自然,使幼儿在受到情感陶冶的同时增强对社会与自然的感知与了解。园所生活课程的具体内容有:生活情境活动、主题教育活动、传统节日教育活动、游戏活动等。

在喧闹的都市中,崇幼宛如一方净土,全体崇幼人用爱心和智慧耕耘其间,静待花开时节,收获满园芬芳。"教育是像诗一样美好的科学,尤其是教育新人的过程更如同诗歌创作一样,其间充满着艰难困苦的探索,同时也极富浪漫传奇的色彩。"这是苏联教育家马卡连柯在他的《教育诗》中对好教育的美好诠释。"在静水深流的百花园中,师生共同生活、共促成长、共同发展"是崇幼人心目中好教育所应有的动人画卷。我相信,在我的带领下,在全体师生的共同努力下,崇文幼儿园一定会成为"静水深流的百花园、儿童的乐园、人才的摇篮"!

第二节 用孩子喜欢的方式做教育

"敬畏生命,用孩子喜欢的方式做教育;躬身耕耘,成为育幼实践的有心人"是我在教育工作中坚守的初心和立场。

《幼儿园教师专业标准》对学前阶段教师提出:师德为先、幼儿为本、能力为重、终身学习的四大理念与基础素养、哲学素养、关键素养和发展素养的四项要求。明确的教育任务和具体理念的施教让教师坚定了教育方向。作为基层管理者如何与教师共同践行立德树人的根本任务,如何使教师在岗位上有幸福感,事业上有成就感,社会上有荣誉感,这就是我们积极转变观念,探索新型管理互动模式的过程——做育幼实践的有心人。

与教师同进,去虚以实

苏霍姆林斯基说过:"教育是人和人心灵上的最微妙的相互接触。"10年来,我始终把党的教育精神铭记于心、用党员干部的标准严己而行,以四有好教师、四个引路人作为成长方向,立足本园实际、创新实践、探索适宜园所发展的有效策略,不拘一格地开展园所管理与教育实践。2015年成功申办成为北京市市级示范园、北京教育学院学前教育实践研究基地、北京市早期教育示范基地和北京市特殊儿童教育示范基地。

多年来,紧跟时代发展积极尽责,秉承以人为本、终身学习的可持续发展宗旨,重塑园所"儿童乐园、人才摇篮、生命花园"的教育愿景,落实"崇文尚善、静水深流"的办园理念,以"培养有文化底蕴、国际视野的健康人"为育人目标,以"依法办园、文化立园、课程兴园"为办学方略,坚持秉承"共同生活、共促成长、共享发展"的教育思想,使幼儿具有"好习惯能自立、好品行善交往、好学习爱思考"的核心素养与能力,使幼儿园成为培养合格社会主义建设者和接班人的幸福之家、文化之园和责任之体。与全园教职工一道将理念、活动、发展与质量联系在一起,做育幼实践的有心人。形成了以服务主体的满意度和获得感为依据,以工作创新引领和挖掘团队潜质为路径,将工作体验与个人成长紧密结合在一起的人文管理方式,实现全园、全程、全面育人的工作绩效。将研究引领服务的安心园、教师专业发展的舒心园、家园协同共育的放心园和幼儿健康生活的欢心园的整体创建融为一体,相互促进,体现了你中有我,我中有你的成长印迹。

提升教师专业素质做好扎实细致工作,让教师在日常工作中成为教育的主人,是崇文幼儿园育人的核心之一。通过不断思考、不断实践、不断与理论对接后转化为师幼共同发展共同成长的目标。2014年由区教工委推荐经北京市市级答辩后我参加了北京市首批名园长发展工程的学习,两年的学习实践使我对办园理念与课程建设和课题研究之间的关系有了清晰的认识,并以课题负责人的身份亲历了"幼儿自立能力培养关键经验与支持策略"研究的课题构思、撰写、实践、引领与指导的全过程。着实让我从多年参与课题的研究者变成了一个与教师同进的实践者和引领者:清晰了园所理念如何落实在幼儿与教师发展的各个环节;园长、教师、幼儿、家长的新型关系构建要从研究幼儿发展开始;从如何保证幼儿主动养成良好习惯、丰富情感,以及良好的社会适应性开始,以支持幼儿良好学习品质的养成。2016年11月我的管理理念与实践经验在市级研讨会中广泛传播,得到了市级领导和与会家长和老师们的高度评价。

与教师对话,去繁为简

作为基层工作者,坚持在教育教学第一线帮助教师发现、诊断育幼中的困顿、专业发展中的瓶颈并总结教育教学特点与个性风格。对园所老师的实际教育教学情况了如指掌,深刻思考、精心研究教师专业发展中的问题以及如何有效支持教师专业发展的策略。如:针对教师实践经验多,知道干什么、怎么干,却不知道为什么干;实践内容多、做法多、材料多,但理念支撑不清晰、教师和幼儿发展的落脚点不清晰;教育教学经验碎片化、对问题的认识表面化,教师在无形的实践中成了教育的"搬运工"。为了帮助教师成为教育活动的设计者、决策者和实践的主人,基于教师现状,为教师专业成长搭建平台,采取"聚焦思想、清晰思路、深度思考"的支持策略,引导教师专业能力提升。帮助教师梳理办园理念、教育教学理念,让播种理念成为教育教学实践的基础。通过树立典型,表彰优秀,引导全园教师构建思路框架,明晰工作落点。

主动走进教师,了解他们的思维现状和实践现状,通过说想法、亮做法的方式让老师把自己的活动方案呈现出来,帮助教师梳理想法和做法背后的不足——系统思考问题的能力出现偏差。主要体现在教师思考问题和对策时只关注结果而忽略了活动过程中的思维对人整体发展的作用。因此,会出现操作层面和经验层面的低效重复。基于现状,引导教师从思考部分与部分、整体与部分的关系入手,用抽丝剥茧的方法使教师通过思考体悟到理念与实践对接中的问题根源和解决策略。从教育理念—发展脉络—适宜做法中梳理思路,帮助教师理清思维路径,从为什么做—怎么做—做什么入手,使教育活动有魂、有骨、有肉,更加丰满与有机整合。

目前已经梳理了《崇幼育人模型》《崇幼育人路径图》《主题网络思路图》《教学开展矩形图》《班级管理思路图》,等等,可有效帮助教师提升工作的实效性。

与教师实践,去伪存真

一份好的教学策划是教师凝练智慧的初始,如何将好的策划转化为孩子的真正发展,还需要教师在实践中对孩子的思考与个性表现给予有效的回应,避免宽泛、无意义的回答。为此,我们走进教师与孩子中间,体验他们的活动过程,及时针对教育情境认真剖析、诊断以及示范,帮助教师转观念、转做法,去伪存真。例如:在中班"落叶畅想"的活动中,孩子们用自己收集的落叶在纸上作画,有的拓印、有的模仿叶子形状绘画。之后,老师统一给幼儿写上了姓名、日期,然后让孩子把作品统一在一起展示,活动即将结束……这时,我走到老师身边请老师思考:"你们这样做的目的是什么,孩子发展的是什么?"我肯定了老师在主题活动时的做法,并追随孩子的兴趣推进活动。但是,教师给孩子记录姓名和日期时可以增加什么环节让幼儿感受到表达的乐趣?迟疑了一会儿,郑老师说:"可以让孩子说一说自己畅想的内容,老师帮助记录下来,多有意思的对话和表达呀。"我点点头,一起与老师及时补充了这一内容。当作品分享时,老师只提示孩子讲自己作品的内容,忽略了对全班小朋友作品的关注与发现;教师就作品内容进行了小结,而忽略了幼儿的发现和思维启迪。我主动接过这个环节,边跟孩子一起看,一起说,也边给教师做起了示范。首先,我很感谢能和小朋友一起学本领,其次让我欣赏到这么多有趣的作品。请小朋友看一看,你喜欢哪一幅画,说一说你为什么喜欢?然后,我也分享了我最喜欢的几类作品,有使用拓印方法的,有图形组合的,还有颜色搭配的,等等。通过分享"我喜欢的作画"方式,使孩子在美术作品表达中可以使用更多的表达方法。与孩子一起生活,一起成长,教师的尊重不仅是外在的蹲下,而是在思维上的平等与对话。帮助教师在丰富的内容和方法中"存真"是支持教师专业能力提升的有效方法。

坚持走进幼儿进行课堂实践研究,力求将理念、方法与实效整合,让实践研究成为促进教师、幼儿和自身专业成长的有效途径。通过亲历课题研究、课堂实践、课程构建,让教师体会《3~6岁儿童发展指南》与《幼儿园教育指导纲要》精神的实践落实,感受真实自然、深度思维、发展有效的活动氛围。如:在大班"坚持到底不放弃"系列活动中,我始终围绕内容载体、活动载体、情境载体培养幼儿积极思考、专注倾听、自主选择的习惯与能力。从幼儿喜欢的画面、关注的问题为起点开展系列活动,通过孩子身边的活动、伙伴以及环境资源引发其自主选择、自主决策,将图画书中作者要传达的信息与幼儿发展做了很好的嫁接。通过整个系列活动的研讨、实践、再研讨的三个阶段,使教师在专业理论与实践中有了方向、有了抓手,繁杂的工作变得有条理了,教师也在逐步感受着教育主人的角色内涵。

做育幼实践的有心人,不仅让园所文化和教师队伍的建设迈上新台阶,同时也在教育实践上收获颇丰。近年来有近20万字的文章发表,参与书籍编写3册;近30篇党建与专业科研论文参加市、区级评选,分别获得市、区一二三等奖;被聘为北京师范大学教育家书院第四批兼职研究员,国家教育行政学院、首师大学前学院、北京教育学院学前教育学院专家,北京市市级骨干教师等。

第四章 自成体系

体系,泛指一定范围内或同类的事物按照一定的秩序和内部联系组合而成的整体,是由不同系统组成的。在社会活动中,体系建构是以人的价值观为核心,展开的实施路径和使用的策略的完整图景,其本质是递进生长和自成体系的过程。通过崇文幼儿园的文化管理实践,逐步摸索出具有体系模型特质的管理模型和育人模型,为落实"立德树人"根本任务,提高学前教育质量发挥了引领作用。

第一节 幼儿园"崇文尚善 静水深流"品牌建设之路

主色为蓝色和金黄色(代表水与阳光,它是生命的黄色元素);外轮廓形似太阳,中间轮廓形似盛开的八角喇叭花(寓意广播教育种子,桃李满天下);内圈的圆形表示圆满、团结;中心为汉字"美"的拼音"Mei",艺术变形后呈现的是以美为主题的深厚含义,而英文字义M又包含"财富",ei的组合更是巧妙地呈现出一个快乐的孩子的侧面笑脸,因为他正被一个蹲下来的成人充满爱意地呵护与关注着;图案中右边的三颗星分别代表"真""善""美"。园标整体呈现"阳光、爱、富裕与活力之气势",同时也包括了广播教育之种和上善若水的内涵。

图 1-4-1-1

一、"崇文尚善　静水深流"品牌综合构架图

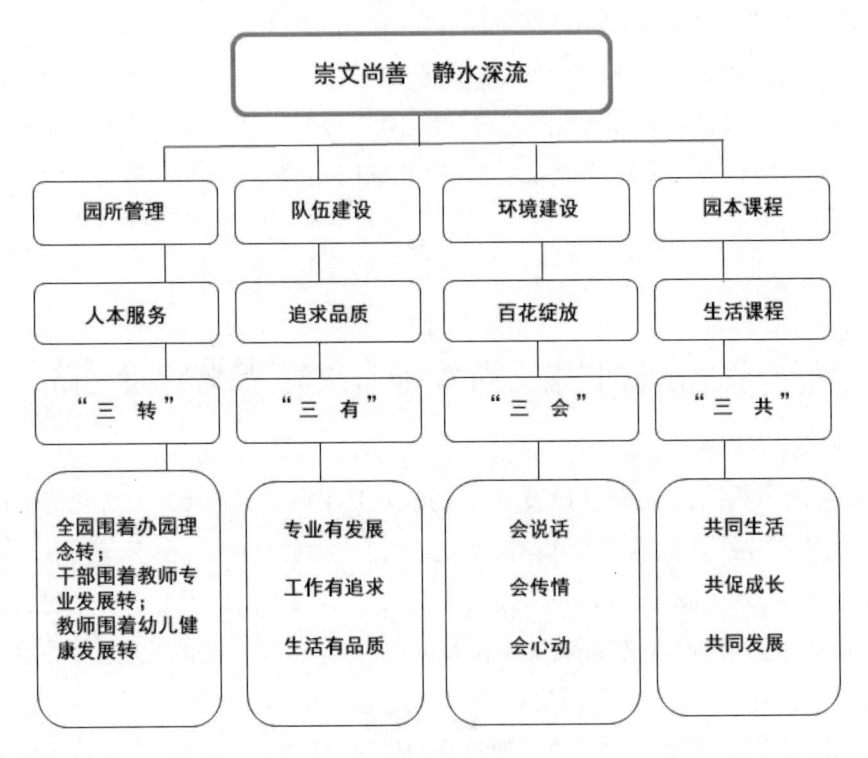

图 1-4-1-2

主题核心："崇文尚善 静水深流"

尚善 $\begin{cases} 善良之心：对自己要养善心 \\ 友善之行：对他人要行友善 \\ 慈善之态：对事要有慈善态度 \end{cases}$

静水 { 干净之水:正直、明察的优秀品质
安静之水:随性而安的朴素状态
上善若水:修身养性的人生境界

深流 { 深度:对问题认识有深度
深邃:对事件认识有哲思
流动:变化的状态

二、"共同生活 共促成长 共同发展"教育理念的形成

(一)清晰教育理念,确认育人路径

1.管理就是服务。全园围着办园理念转;干部围着教师专业发展转;教师围着孩子健康发展转。

2.教育。生命(高度)、生活(常态)、生长(真实)。

3.课程是能在操作、体验、思维过程中促进成事、成才、成人的系统活动。

4.教师是社会群体中具有教育专业素养的人;是经历生活而历练成长的人;是能够传为人之道、授治学之功、解偏弊之惑的人。

5.儿童是在自然生活实践中学习体验、积极主动探索而获得生长的人。

(二)崇文幼儿园育人路径图

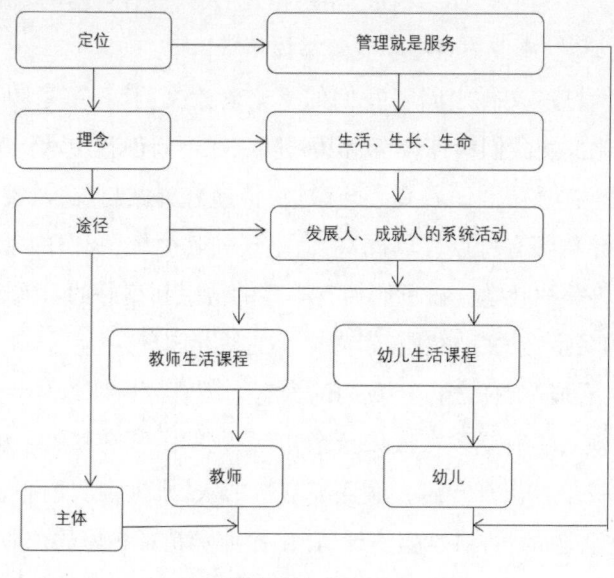

图1-4-1-3

三、"崇文尚善　静水深流"理念下幼儿园办园目标的形成

(一)园所背景

崇文幼儿园(原名崇文托儿所)成立于1980年,经历28年非正规教育模式的办园过程,前后经历了两次合并,于2008年由原崇文区卫生局管辖回归原崇文区教委领导。2009年,幼儿园重新调整园内班子成员,教工委、教委等各级领导高度重视。增拨建设经费,改善办园条件,使园所面貌焕然一新。2011年9月,正式更名为崇文幼儿园,也迎来了新的发展机遇。

36年的岁月更迭,36年的不懈努力,崇幼人满怀信心:在各级领导的关心支持下,在"十二五"东城教育发展规划的指导下,乘势而上,坚持走"文化建设"之路,坚定建设"文化"优质品牌园所的决心,让"培养健康人"成为现实。

我们将园所看成"百花园":每个成员都是花园中的花草,遵循规律、尊重差异;珍视个性、珍爱生命,以自然生态之势呈现幼儿园的发展状态。

将园所看成"幸福之家":我们的家年轻,刚到而立之年,却已饱尝成长中的雨沐霜打。三所两次合并,隶属关系划转、走进教育之门迈出自信的步伐,坚韧的性格在岁月中磨炼摔打;我们的家不大,整洁有序、玲珑秀雅,净美的环境给予我们教育真谛的熏陶;我们的孩子可爱,欢笑自强、乐于求知、身健、心健、行健;我们的家人不浮夸,团结精进、相亲相爱、人人都有自己的专业规划;我们的家有温馨的感觉;事业愿景中享受着幸福年华!

将园所看成"文化之园",我们的家坐落崇文门南、皇家园林天坛公园东侧,地域文化促使我们精神振奋、积极进取、在不断创新中承传;我们的家到处充满着真挚与美好,涌动着真心与激情,传递着真诚与友善;我们的家如同百花园,奇珍异草各有特点,怒放的生命呈现勃勃生机;我们的家是培养健康人的摇篮,真善美的教学让孩子们拥有丰富的情感和良好的习惯;我们的家有着一个响亮的名字:崇文幼儿园,崇尚文化的幼儿园!

将园所看成"责任之体",我们的家有老教育家顾明远先生的传习,有市、区领导的关心,更有众多家人如至亲知己;我们的家在默默奉献:特殊儿童随班就读、免费早教认真开启,"做点亮心灯的人"永远在我们心中牢记;我们的家有着一个神圣的目标:承担责任,让生命演奏精彩辉煌的乐曲!

基于上述认识,在七年多的实践中,党支部带领全园以"幼儿发展、教师发

展、园所发展"为宗旨,在全面提升园所文化品位、全面提高人员整体素质、构建和谐园所等工作中做了大胆尝试。

(二)完善办园理念,构建育人模型

1.办园理念。

(1)办园目标:培养健康人。

(2)实施途径:身健求真、心健求善、行健求美。

(3)园所精神:真诚、友善、团结、精进。

(4)发展愿景:静水深流的百花园、儿童的乐园、人才的摇篮。

(5)主题核心:崇文向善 静水深流。

(6)教育理念:共同生活、共促成长、共同发展。

(7)育人模式——"123":①1个目标——培养健康人。②2个方面——内隐与外显。③3个主体——幼儿、教师、干部。

2.确定崇文幼儿园育人模式图。

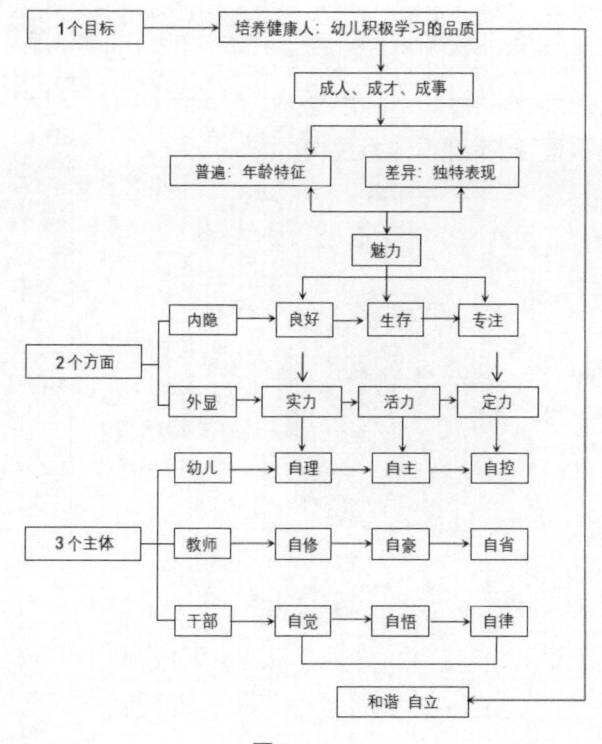

图1-4-1-4

在自然界中任何一个人,经过婴幼期、少年期、青年期而独立于社会时,如若成人、成事、成才势必以"正心修身"为本的"自主"为核心,而"自立"则以儿童时代的生活自理、学习自主、交往自控奠基。"自理"指良好习惯养成之实力;"自主"指生存能力养成之活力;"自控"指专注品质养成之定力。"实力+活力+定力"即构成一个人区别于他人而有独立个性的工作风格与人生追求;亦可以自信、自强之人生观、世界观、价值观的"魅力"来解读。

3. 三主体三自核心内容。

表1-4-1-1

目标	主体	核心内容	落脚点
培养健康人	幼儿	自理:学习自我承担,自己照顾调理 自主:学习自己做主,不受别人支配 自控:学习控制自己,做比较理智的事情	和谐自立
	教师	自修:增强修养德行,促进自我完善 自豪:增强因自己与团队共同成功的成就感 自省:增强自我评价、自我调控和自我教育的能力	
	干部	自觉:养成内在自我发现、外在自我解放意识 自悟:养成寻找自我、改善自我、保持自我的习惯 自律:养成自我约束的能力	

四、"生活课程"园本课程体系建构

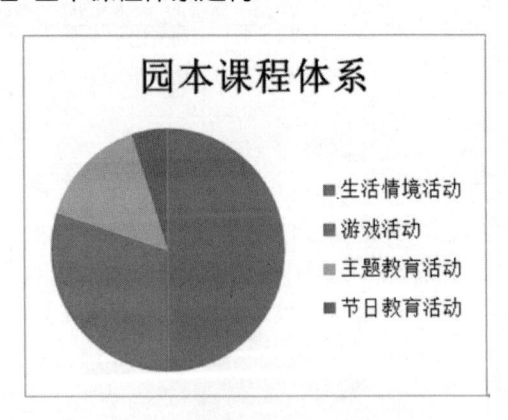

图1-4-1-5

1.关于生活课程的解读。

表1-4-1-2

名称	定义		特性
	线索	逻辑关系	
生活课程	发展人、成就人的系统活动		流动性、互动性、生长性
幼儿生活课程	以幼儿生活内容为线索	以常态生活为逻辑建构	
教师生活课程	以教师专业发展和专业生活内容为线索	以人的成长规律为逻辑建构	

2.生活课程的具体内容。

(1)生活情境活动:一日生活情境中的所有活动。

(2)主题教育活动:幼儿感兴趣的系统活动。

(3)节日教育活动:传统节日教育活动。

(4)游戏活动:包括室内游戏和户外游戏。

五、"崇文尚善 静水深流"的校园文化营造

(一)坚定信念,规范引导——精神文化

即通过核心理念引领全体教师建立共同的价值观,形成和谐向上的文化气氛。它以支部为核心建立愿景,这是开展园所文化建设的关键一步。支部成员划分责任区在全体教职工中开展了谈话、讨论、分析、确定等环节的工作,使大家对园所的发展目标、发展途径以及团队建设目标有一个清晰的认识。

首先,我们鼓励党员走进员工,倾听真实想法——全体员工都真心希望园所发展有特色、员工发展有目标,并愿意为园所发展贡献力量;其次,支部讨论,谋划园所发展——党员干部清晰地认识到园所发展目前遇到的瓶颈,希望园所有新的定位与发展方向;再次,反复斟酌,提出发展规划——针对员工和党员干部对园所发展的期望,作为支部书记主动归纳大家的意见,提出了自己的一些设想和思考,与班子一起讨论确定园所发展定位与规划;最后,逐一通过,形成集体共识——要形成一个积极向上、不断进取、有团队特色、有社会竞争力的集体。比如:我们的园标和价值理念就是经过了幼儿园上上下下、干群讨论反复酝酿后才最后确定的。

(二)人文关怀,核心引领——管理文化

1.理念上"三转"。"干部围着教师专业发展转、教师围着孩子健康成长转、全园围着办园理念转"这"三转"体现了我园"儿童发展第一、教师发展第一、园所发展第一""三位一体"的发展生命体思想,同时也渗透了我园"真诚、友善、团结、精进"的园所精神。

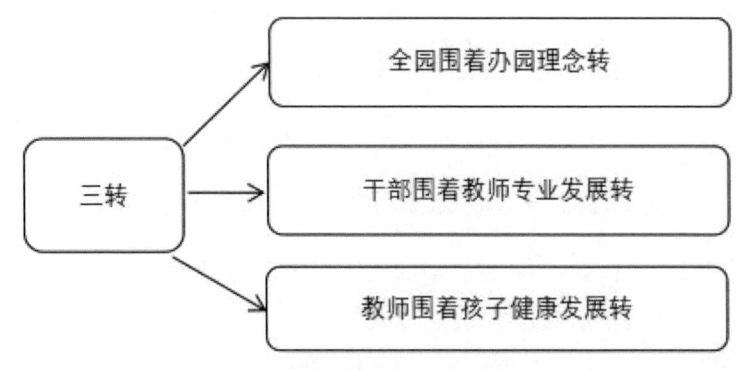

```
         ┌──→ 全园围着办园理念转
三转 ────┼──→ 干部围着教师专业发展转
         └──→ 教师围着孩子健康发展转
```

理念上:体现了整体与部分、主体与核心的关系。

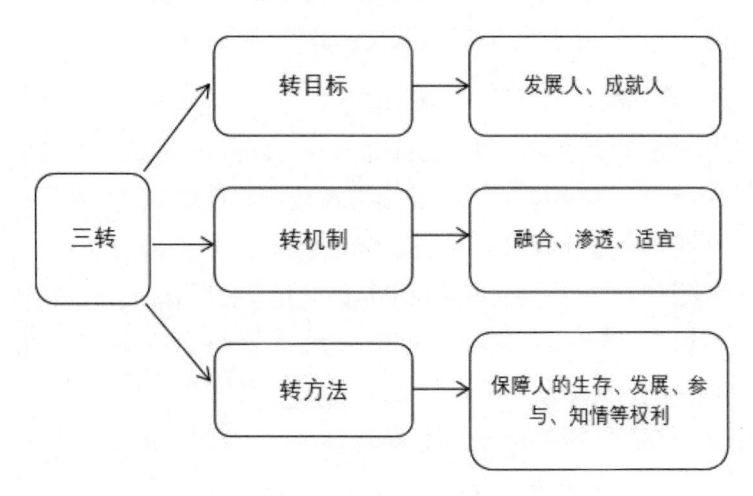

```
         ┌──→ 转目标 ──→ 发展人、成就人
三转 ────┼──→ 转机制 ──→ 融合、渗透、适宜
         └──→ 转方法 ──→ 保障人的生存、发展、参
                          与、知情等权利
```

做法上:体现了由关注事件到关注人的主动性、健康发展。

2.做法上"三转"。

(1)孩子的利益高于一切。把孩子的需求放在首位,孩子快乐幸福的成长就是我们的第一任务。做一切决定的时候,都要考虑怎么样做才能对孩子最好。

(2)集体的利益高于个人的利益。作为一所幼儿园、一个团队,我们就要

互相学习,互相帮助,共同提高。大家一起努力为幼儿园这个集体大家庭作贡献,而不是只顾自己。我们的目的志同道合,大家走在一起共同工作、共同追求更有意义的事情。只有这样才能让我们的工作获得更大的成功。

(3)传播积极因素。我们要以积极的态度和行动相互鼓舞、相互激励。要远离消极因素、负面影响。

(4)用心交流。在幼儿园工作时,用心与同事交流,与小朋友们交流,与家长交流,作为老师都应该达到好的效果。其中,最重要的是要认真倾听,相互倾听、相互理解会带来许多好的结果。作为老师,要是心怀善意就会觉得身边的人都很善良,就可以克服一切分歧与困难。

(5)要快乐工作。大家长时间在一起工作,要让工作时间变得更加快乐,做一个对工作有幸福感的人。那么,工作起来再苦再累都是快乐幸福的。再多的工作也是轻松愉快的工作。在幼儿园面对孩子时,我们的工作需要有快乐感、幸福感,这样才能引导孩子们快乐幸福地成长。

生命的本质在于追求快乐。使得生命快乐有两条:一是发现使你快乐的时光,增加它。二是发现使你不快乐的时光,减少它。其实,无论快乐与否,主动权都掌握在自己手中。全在于自己的选择,让自己的心情快乐起来,以笑迎接工作、迎接生活、迎接孩子们、迎接老师们、迎接自己在幼儿园的存在感。

3.调整管理思路。

表1-4-1-3

时段	目标	起点	关注点	标准	心态
原来	促进团队的整体发展	以园所发展为起点	关注实践与事件的推进	以园长的认知水平、思路来引导教师发展(一把尺子)	欲速不达
现在	促进每个人在不同阶段、不同水平上的发展	以园所与人的共同发展为起点	关注人在实践与事件中的成长与发展过程	以教师的认知方式、理解速度、学习特点提供适宜支持(一把一把尺子)	从容长进

(三)以人为本,民主管理——制度文化

即党政干部发挥模范带头作用,实施民主管理,引领全体教师参与管理,共促成长。

我园党支部根据园所三年发展规划目标逐层递进,从平稳发展过渡到规范发展。在规范管理中,我们由管人、管事转向育人、成事。为此,我们打破了平面管理的方式,建立园所负责制新格局(金字塔型),即:班组负责、主管负责、园长负责。这种层级负责制体现了岗位管理的职责要求,又在实践中充分调动了教师的积极性、主动性和创造性。在保障园所各项工作细化落实到位的同时,逐渐形成团队意识和责任意识。比如:当园所出现需要解决的问题时,我们会先放手让班组带领组员进行分析并查找原因;然后,部门主管再帮助基层班组进行更深入的分析并提出建议;最后,再与园长沟通共同解决问题。同时,我们会按照制度体系规定各自责任。这个过程特别突出了党员带头、干部表率责任意识的建立和强化,本着为岗位负责、为幼儿家长负责、为自身成长负责、为园所发展负责的态度开展工作。同时大家也慢慢感受到园所是一个整体,有了问题我们要一起努力解决。为了进一步完善和提升园所管理的有效性和专业性,我们还引进了ISO-9001国际教育质量体系标准,根据办园目标制定了各岗职责、各项保障制度、各项工作流程以及评价考核标准等具体措施,以更高的标准构建园所文化建设管理体系,使文化建设管理与实践的有效性有章可循。

(四)人才培养,素质拓展——育人文化

即通过工作定势的养成,提升全体教师的成就感,以形成和谐精进团队。

人的健康、全面发展是园所和谐建设的核心,如何将此构想真正落实,真正使幼儿、教师和园所在内涵发展中共同受益,我支部贯彻"党管干部、党管人才"的精神,号召党员、干部带头,并与全园教职工一道认真畅谈教育教学中的成功体验,通过唱红歌、读书会、专题报告、主题演讲、培训辅导以及联谊活动等各种形式,集纳大家的共同感悟,逐步总结出"切实可行、互动成功"的六种工作行为定势。

1.依据园所教师的现状与潜能调动的需求形成了崇幼员工培养定势——"三倡导"。

(1)倡导教职工德行修炼:以中国传统文化为切入点,帮助教师获得心灵滋养。

(2)倡导教职工职业规划与职业忠诚:以现代心理学在实践中的应用为切入点,引进中国科学院心理研究所的EAP员工帮助计划项目,帮助教职工明确和掌握规划对自身成长的重要性和实践方法。

(3)倡导教职工专业质量提升：以各岗专业技术培训为内容，帮助员工提升工作质量。针对园所实际，力求通过创新管理方法，来提高管理实效。主要体现为两调整：一是聚焦研究对象，调整管理结构。重新梳理园所人员结构，力求管理下延，服务到位。我们将全园岗位分为一线实践岗和二线服务岗，教师、保健医、食堂人员为一线，主要任务是研究幼儿发展；行政人员、教学管理人员、财务人员、保安为二线，主要任务是为教师专业提高和幼儿健康成长提供有效支持、指导和引领。二是了解教师需求，调整管理方式。明确"管理就是服务"的思想。实施管理班子和教学干部拉网式实践指导，覆盖一日生活组织、环境创设、班务会、家长会、节日主题活动等班级全面工作，将检查评价、分析调整、培养培训、经验梳理自然渗透于工作全过程，有效解决了"班会怎么开、班长怎么当""班级环境创设的整体优化""如何观察幼儿""新教师怎么带"等问题。在自然、常态的"服务"中建立了平等、民主、开放、高效的管理渠道，优化了干群关系，明确了教师的角色定位。

　　2.依据园所幼儿特点与心灵成长之根本，形成了崇幼幼儿培养定势——"三培养"。

　　(1)培养幼儿良好习惯：以中国传统文化为切入点，通过读《弟子规》、倾听经典故事、践行《弟子规》等方式，帮助幼儿养成良好习惯。

　　(2)培养幼儿健康人格：以"图画书阅读为载体促进幼儿心智成长"和"幼儿自立能力培养"的课题研究为切入点，促进幼儿健康人格的形成。

　　(3)培养幼儿全面能力：以生活课程研究为切入点，推进幼儿可持续发展。

　　对于幼儿培养，我们视孩子为天使，友好、友善、微笑地对每一位孩子，让孩子们对老师、对生活充满着希望。

　　微笑，即使心里不高兴，也要微笑。因为微笑是心情外部的表现，从心理学上看，微笑可以缓解压力，改变心情。心情好了，工作效率就高，看什么都顺眼，对孩子们的主动性和积极性就高。

　　在国外幼儿园有问卷调查，"你们心中理想的老师是什么样子"。孩子们回答的是更友善、更友好。一个微笑，一次抚摸，一个拥抱，一句真诚的赞美，一次小小的关心，一次倾听，一句友善的话语，都能改变孩子们的生活，孩子们在成长过程中需要这样的帮助。伸出援助之手，让孩子们看到希望吧。我们的老师,要让孩子们的成长过程中充满着魔力,成为孩子们的问题解决者。用热情和爱读懂孩子们的心理、读懂孩子们的故事,这就需要我们老师不断学习教育学,将掌握的教育学知识应用在教育中,不断学习心理学,用一些心理学知识让幼儿更乐观、更积极向上。心灵滋养贯穿于幼儿"三培养"的过程之中,让老师自己享受工作乐趣的同时,找到与孩子相处的最佳方式。

3. 依据园所区域功能特点让环境"会说话、会传情、会心动",形成了崇幼公共环境育人定势——"花文化"。

(1)利用花形、花语、花性来传递生命成长的特性与规律。园长室以"成长"为主题,墙饰"玫瑰"象征用爱的甘露灌溉心田;副园长室以"阳光"为主题,墙饰"向日葵"象征蓬勃向上、乐观开心、知心交心、心连心;财务室以"兴旺"为主题,墙饰"牡丹"象征"管家有则、人兴财旺";保健室以"温馨"为主题,墙饰"百合"象征静美与健康温暖。开辟"明远空间"功能室,为教师舒心阅读、专业研讨、大师引领、心灵疏导提供了适宜条件。全园整体环境创设中体现了尊重生命、敬畏成长、感受活力的主旨。环境无处不在,环境会与人对话,传递情感。比如:"崇幼,是一本用心灵解读的书,请您轻轻走近它,慢慢体悟它,它会给您呈现一片天,让心灵驰骋,让生命精彩!"环境创设的背后是真人、真事、真情感。

(2)作为园长管理层,为教师营造温暖、爱的工作环境。尊师重教。重点在扶持、尊重、信任并支持老师们的工作,因为我们的幼儿园终身教育事业是怀着崇高的敬意,培养无数的优秀孩子,成为国家的未来。我们要不知疲惫地以各种方式帮助支持教师。

让幼儿园充满爱,我们经常通过支持和赞赏等多种方式,来表达我们的爱。我们要聘用真正喜欢孩子、真正热爱幼教职业的人,有工作热情,保持良好工作状态的老师,并能和同事分享理念、分享经验,保持良好氛围关系的人。

爱岗敬业。充满工作激情与动力,努力工作、热爱工作、喜欢孩子,对孩子负责。热爱幼儿园,爱岗敬业。即使有压力也能迅速适应并振作起来,不断学习和成长。这是大家的幼儿园,我们都要积极付出、奉献,让我们的幼儿园成为"儿童的乐园,人才的摇篮"!

(3)班级环境营造的理念是教育环境向生活环境转化,落脚点是促进幼儿和教师共同生活、共同成长。在体验、参与、创造的过程中利用环境材料自我更新,真实呈现生命的状态,是能够承载身、心、行的立体环境,是动态的、渗透的、持续的、有时空感的,是能够激发想法的统一体、能够体现教师主导与幼儿主体的相互促进、相互依存的统一体,也更能够体现我园"共同生活、共同成长"的统一体。

①创设方便的环境。根据幼儿进餐需要,我们将统一饭后擦嘴的环节调整为孩子随吃随擦,每个餐桌上由一块擦布变成了三件宝,一块擦布、一盒纸巾、一个小盒,为孩子养成良好进餐习惯提供了方便。

②创设可以选择的环境。每天来园洗手、挂毛巾是孩子来园的第一件事,给他们一个美好的心情,一个选择也是教育的一个微契机。于是,我们将统一颜色的毛巾调整为五彩毛巾,孩子可以每天根据自己的心情选择自己喜欢的毛巾,统一整齐的颜色变成了多彩的画面。

③创设可以玩的环境。"毛毛虫"是孩子捡来的一个个小宝贝,一天他们带到了教室里,整齐地摆在台面上。我说:"这是什么呀?是谁带来的?"

一个小朋友跑过来说:"我带的,它是毛毛虫!"

"它咬人吗?"

"咬人!"

"你能请个小朋友去问问他,毛毛虫咬不咬人吗?"

一会儿来了几个小朋友,有的说咬人,有的说是树上掉下来的不咬人,孩子们纷纷说出自己的想法。不经意,一个女孩子吹了一口气,毛毛虫飘到了地上,我们蹲在地上将"毛毛虫"排成一条长长的队伍,变成一个大大的圈,"毛毛虫"就这样成为孩子眼中的宝贝,手中的玩具。

(4)创设可以感知的环境。小班老师在布置表演区场景时,将幼儿的纸工作品一条条粘好了,其中,有几条弹性螺旋丝上挂着绒毛小猴子、顶顶小铃铛、塑料小玩具等,孩子们每当路过那里就会动一动,玩一玩。静态的环境中充满了孩子的笑声、说话声……

(5)创设可以支持的环境。春季是一个发现的季节,家长们纷纷带领孩子去野外郊游,孩子有了实践体验后在游戏中提出了"我们去野餐吧"的创意。去哪儿野餐,用什么野餐?孩子的想法得到了老师的响应。师生一起在班级寻找合适的空间,铺好地垫,把餐具和食品转移到了这里,孩子在地垫上快乐地野餐。尊重幼儿选择,保护幼儿的好奇心,支持幼儿的想法,情境的完善与调整使游戏活动进展得有声有色……

4.依据层级管理特点与主动导引的可能,形成了层次推进定势——"三突出"。

(1)园所文化建设主要突出管理理念和实施途径框架的定位。借园所更名契机,开展"崇托情缘、崇幼情怀"的主题系列活动,利用诗歌、故事、照片、书画和退休职工座谈会等形式,回顾历史、展望未来,增加归属感和责任感;开展"崇幼文化行"活动,让教师走出园门,感受多元传统文化,提升文化素养。如:走进前门百年老店,了解其品牌的独特精神是如何在服务中体现的;走进国家体育局,体验冠军成长的艰辛与拼搏;走进天坛公园,感受自然与文化传承之美,帮助教职工建立传统文化与园所文化之间的内在联系。

(2)科室文化建设主要突出科室功能性、自主性和创新性。

(3)班级文化建设主要突出在园所文化建设之下,以班级为单位如何贯彻与实施。如:棒棒班以"爱"为主题,教师通过言传身教来浸润幼儿心灵,带动幼儿爱自己、爱父母、爱教师,以及爱社会与大自然中一切美好的东西。聪聪班以"和谐"为主题,倡导上级与班级之间、教师与教师之间、教师与孩子之间、教师与家长之间建构和谐关系,有效开展各项工作。全园各个班级依据孩子的年龄特点、教师的专长、家长的需求共同贯彻落实"培养健康人"的办园目标。

5.依据社会办园的特点与密切家园合作的原则,形成了崇幼宣教途径定势——"三参与"。

(1)创办园刊《崇幼之声》,它是全员参与文化建设的一个重要平台,核心目标是"培养健康人",园刊版面围绕"身健、心健、行健"三个重要版块,既有园所活动展示,又有社区活动参与;既有管理经验交流,又有实践经验分享,既有教师的畅所欲言,又有家长献言献策。

(2)主题家长会,它是我园文化建设中对家长宣传办园理念、方法的一个重要方式,也是请全园教师和幼儿家长共同参与进来,求善集思、诚信交流,使家园和谐一致,取得教育、培养共识的重要程序。

(3)主题亲子活动,它是我园文化建设中家长、幼儿、教师参与互动的一个重要方法,也是家长了解孩子发展状况的一个重要途径。

6.依据我园的办园目标,并针对员工中不同程度地存在着"打工心态"的现象,形成了崇幼活动推广定势——"三工程"。

(1)"暖心工程"定位是温暖、贴心;实施策略是"心灵觉悟"。倾听心声——书记与每一位员工进行深度谈话,让她们有释放压力的空间;传递心声——支部成员给每一位员工书写节日祝福感言,让他们享受被尊重的感觉;交流心声——书记带头,全体党员分工帮每一位员工寻找自身成长的方向,让他们有目标地生活与工作。

(2)"体健工程"定位是健康、自信;实施策略是"静心调理",通过定期宣传、伙食调整、体能锻炼等形式呈现。

(3)"形象工程"定位是精致、精巧;实施策略是"细心塑造"。党政协调,工会、青年团等部门或责任人,率先执行崇幼教师行为规范和上岗行为规范。积极参加"形象工程"主题演讲以鼓励每一位员工明确做崇幼人的形象标准。总之,在崇幼党群相融的点点滴滴中,无处不渗透我们对新崇幼新形象的一种诠释。

(五)聚焦真谛,探索实践——课程文化

强化教研科研是提高幼儿园教学质量的关键。实现园所的育人目标,贯彻《纲要》和《指南》精神,以"共同生活、共促成长、共同发展"为教育理念,开展园本研究和课题研究,促进幼儿成长与教师成长双主体发展。

1.园本实践研究,帮助幼儿顺利适应。根据小班幼儿对陌生环境产生焦虑的现象,我们进行了"新生入园适应策略"的研究。通过"三访"——访家长、访看护人、访家庭环境来了解幼儿的生活习惯、个性特点和发展状况;通过"四重点"——熟悉幼儿园环境、解决进餐和游戏、解决幼儿午睡、解决全天候一日生活等内容帮助幼儿逐步适应幼儿园生活;通过"五反馈"——照片、微信、面对面、电话、便条等形式进行及时沟通,助力幼儿顺利来园、高兴来园。研究成效体现在:幼儿顺利适应:90%幼儿能够情绪稳定入园;"亲子活动周"57名新生中仅1名哭闹;"独立半日适应周"有6名有短暂的哭闹,三天后适应;"独立睡眠适应周"有7名入睡前哭闹,四天后基本适应。小班新生九月出勤率为88%。教师转型成功:小班教师调整入园节奏,教师紧张与疲惫得到缓解;行政教师不用帮班;师幼、家园分享更多是生活故事,情感的注入让教师感受到了职业的价值与幸福。家长满意多多：从孩子每天愉悦的情绪、老师大量记录孩子成长瞬间以及孩子回家后的表达中，家长感受到教师的细心与耐心，由衷的感谢声频频出现在教师与园所之间。收到多封感谢信、多面锦旗。

根据幼儿学习特点和能力发展要求，我们进行了"园校跨界的幼小衔接"研究。通过幼儿园教师到小学一年级担任班主任和数学教师来亲身体验、感受和发现幼小衔接阶段教育的特点，提出幼、小衔接的具体内容和方法应落实在思想、情感、心理、行为等几个方面，才能为幼儿顺利升入小学做好完整准备。大班教师根据幼儿发展需要，研磨构建大班课程（例如：时间管理——游戏10分钟到自由10分钟再到安静10分钟到课间10分钟，通过不同的10分钟活动来感受时间长短和重要性，帮助幼儿提升时间意识，知道按时、守时、惜时的重要，养成珍惜时间的好习惯）。

根据幼儿学习特点和认知特点，我园进行"以幼儿'自立'能力为基点生活教育"的研究，成为区级规划课题和北京市名园长发展工程立项课题。幼儿自立能力培养的课题研究，让我们更加清晰了：

（1）办园理念与生活课程的关系，即：理念是方向，生活课程是实践载体，二者是引领与支撑的关系。办园目标："培养健康人"身健、心健、行健是路径；3—6岁幼儿生命的生存与发展都在生活中进行，在生活中寻找教育线索，促进幼儿健康、安全、快乐地成长；3—6岁幼儿的学习方式是体验、感受、参与与创造，活动过程中体现的是幼儿的行为认识；人在自然与社会生活中的生存与发展，可以是自立、自信、独立的生活状态。

（2）生活课程与幼儿自立能力培养的关系，即：生活课程是载体，自立能力培养是幼儿生命安全、健康成长的落脚点，通过生活粗浅技能与良好习惯的培养，使幼儿自立、自强、自信，让幼儿安全快乐地成长。

（3）办园理念与健康人发展的实践结构图。

"培养健康人"：健康人是指身体健康、心理健康、行为健康的独立自主、生命精彩的人。

教师成长"三倡导"——职业敬守忠诚、专业不断提升、事业信誉德行。

定位：工作有追求、专业有发展、生活有品位的阳光、自信、幸福的健康人。

幼儿成长"三培养"——良好习惯、健康人格、实践能力提升。

定位:生活中自理、学习中自主、交往中自控的乐观、专注、快乐的健康人。

(4)幼儿自立能力的内涵是指在学前阶段独立生存、生活、生长的能力。主要包括幼儿在生活情境中自己能做的事情自己做;能独立思考,独立做事,自主选择;逐步掌握约束、调控自己行为和情绪的一种习惯和能力,主要体现在幼儿发展中的独立性、主动性和责任性等方面。其自立能力结构表现为三种意识:即自我意识、独立意识和规则意识;三种意识对应三方面能力:即自理、自主、自控;每种能力对应三个层次:即意识、方法、行动。(见图1-4-1-6)

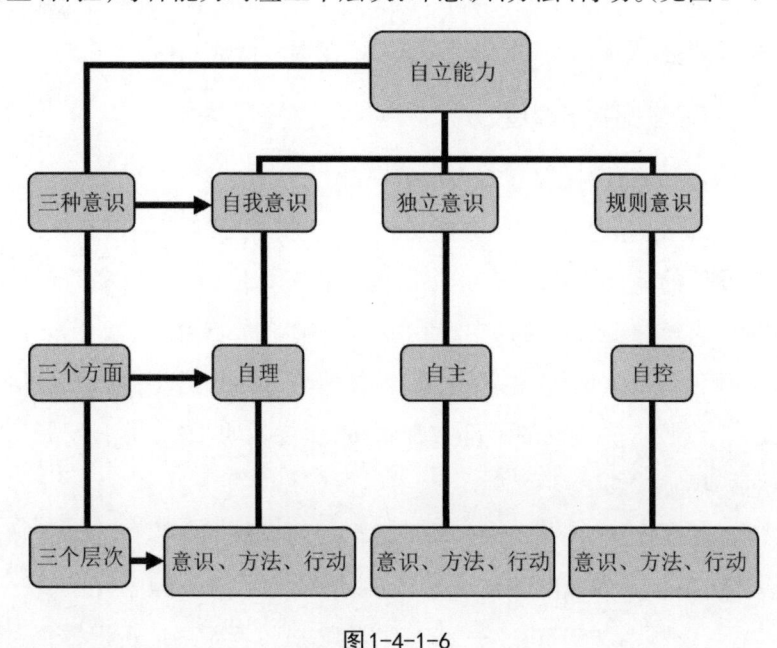

图1-4-1-6

2.课题实践研究,提升教师研究能力。科研课题的开展推动着教师的专业发展,我园采取独立承担的区级规划课题的方式,引导教师走向专业研究之路。

"幼儿图画书阅读研究"开启了我园科研课题研究的先河,教师从不知道怎样研究到思考如何更好研究经历了三年的时间,经历了从"图画书核心价值分析"到活动开展再到"图画书环境的创设"和"培养幼儿自主阅读能力"的实践过程。目前,该课题已经顺利结题。"以幼儿'自立'能力为基点生活教育"研究,使教师能够细心观察幼儿表现,支持幼儿发展,特别是在捕捉幼儿兴趣和发展需要、提供有效支持方面有了质的发展。师幼关系得到了明显转变,以幼儿发展为立场的工作实践逐步拓展,幼儿的参与、选择、主动发展成为教师关注的重要线索。课题研究让我们更好地理解了幼儿,也了解了自己。勤于实践、勤于积累让我们收获硕果。开题报告获东城区教育科研规划办"十二五"开题阶段二等奖;研究成果获东城区教育科研规划办"十二五"中期优秀二等奖;形成研究报告《依托图画书开发课程,促教师专业成长》在东城区第三届学术年会上进行经验交流;17篇研究论文获市、区级一、二等奖;经验文章《让孩子成为更好的自己》《跨学段交流铲平孩子入学"陡坡"》等在《现代教育报》上发表。"崇尚研究 人人参与"的研究氛围,正在逐步形成。

六、"三有"教师队伍建设

(一)加强师德教育,提高育人境界

依据我园"培养健康人"的办园目标,力求将教师培养植根于人的自然发展和社会发展的综合体系之中,把中国优秀传统文化、心理学、教育学、企业管理学的相关内容融入各种培训中,使教师能够协调好自然人、社会人、教育人、崇幼人等角色转换。依循"德能并重、内外兼修"的思路,培养阳光自信、勤学善思、结构合理、素质优良的干部教师团队,引导教职工"专业有发展、工作有追求、生活有品质"。

1. 与名家对话,寻教育真谛。聘请著名教育家顾明远先生为名誉顾问,每年有2~3次参与园内教育研讨或实践活动,通过听——顾老讲座、说——心得体会、看——顾老文集、讲——思考改进等方式,近距离地走进教育大家,感受做人、做事的品质与境界。成功举办"名家座客崇幼 共寻教育真谛"活动6次,邀请全国人大代表、特级教师、重庆谢家湾小学校长刘希娅,中国教育学会德育分会理事长、特级教师、红螺寺中学校长于荣学,《中小学管理》杂志主编沙培宁,北京市第一位正高级教师卢德芹等名师来园与教师、家长共同探寻教育问题,使老师们对新时期幼儿教师使命和定位有了新的认识,为实施适宜的教育做了理念上的引领。

2. 与名师交流,悟教育精神。开展"守候心灵阳光"系列的主题培训9讲,以中国传统文化精髓的学习、参悟、践行为核心,不断提升做人境界,借鉴现代管理理念,引进EAP员工帮助计划项目,帮助教师正确看待工作、生活、成长的

关系,思路的梳理、方法的充实使教师增加了工作的原动力。"做一名走得远的幼儿教师"主题系列培训与研讨7讲,邀请北京市学科带头人、北京四中教学主任、语文教师田军,教研组长、化学教师李雄,27中语文教师、年级组长上官卫红,北京市市级骨干教师、光明幼儿园保教主任任晓燕,高级教师、体育馆路小学黄建荣校长等来园与教师交流专业成长之路上的酸甜苦辣咸等人生五味,从而激发教师工作中自我挑战的勇气,提升师德敬业水平。

3.与同伴分享,定崇幼标准。开展"我心中的好教师"系列活动,通过事迹交流、分享感受、评选岗位之星、梳理关键词等活动,聚焦崇幼好教师标准,主要体现在"挚爱、担当""谦逊、感恩""坚定、乐观""好学、哲思"与园所精神"真诚、友善、团结、精进"高度吻合。

通过名家对话、名师交流,使我们感受到名家与名师亲切和蔼、朴实无华的人格魅力,折射出对儿童的尊重、对教育的执着,从而强化了爱岗敬业的责任心和使命感。通过同伴分享,明确了崇幼好教师应做"内外兼修、德能兼备"的"三有"教师,即"专业有发展、工作有发展、生活有品质"。

4.和小朋友一起成长,和幼儿园一道前行。作为老师一定要发挥我们的潜能,坚信自己是一个有热情、有能力、帮助孩子们快乐成长的老师。

在学习的过程中,孩子们应该有欢笑、有分歧、有灵感的迸发,每一个孩子都是独一无二的,允许他们有各自的奇妙想法,但最终要教会他们或引导他们之间要互相帮助、互相合作。

作为老师,学习的带头人,应该博览群书,和孩子们分享我们的激情,满足孩子们的心理需要。所以,这要求教师要学心理学。不仅孩子们心理愉快了,老师们心理愉快了,工作才会得心应手。

(二)加强实践探索,提升专业能力

教师队伍是幼儿园的核心力量,其专业水平高低直接影响着保教质量和教育教学水平。结合教师发展愿望和园所发展期待,探索队伍培养新策略,提升教师专业能力。

1.依据儿童发展需求,突破管理瓶颈,探索实施"四跨"培养策略。2013年9月启动了"崇幼文化领航项目",尝试通过文化管理,利用先进理论培养队伍,从而形成本园优势。具体做法是将园所管理、队伍建设、课题研究、日常运行融为一体,实施"四跨"模式的队伍培养策略,即跨校交流,我园和体育馆路小学、109中学小学部联手研究幼小衔接项目,重点解决小学生发展的实际需要与幼儿发展之间转化的具体策略;跨园交流,我园与永定门幼儿园合作,派出教师进行为期一年的实践交流,重点完成互惠不同园所教育资源,形成优势互补、锻炼队伍;跨部门交流,让保健医进班担任保育教师,在实践中体会幼儿发展与教育,一线教师走进食堂参与膳食管理与制作,将幼儿需要融于工作之中,重点寻找适合幼儿健康发展的保健保育服务和膳食管理服务;跨岗位交流,新任干部参与部门管理和全园管理,尝试组织全园会和园内大型活动,力求在实战中调整思维,优化习惯。通过"四跨"培养队伍,全体教职工在工作整合性、促幼儿发展整体性方面有了观念上的转变。

2.围绕教师专业发展,实施分层打造,提高教师专业实践能力。首先,以《指南》为核心开展系列培训、观看电影《小人国》、研讨"图画书阅读指导策略""幼儿生活自立能力培养""医教整合促幼儿健康成长"等专题,促进教师理念向实践的转化。其次,针对教师岗位和从教年限差异,开展有针对性的培养:新入职教师,通过师徒结对的方式,迅速提高其实践能力;"新种子"教师,通过研讨观摩的方式,提高种子教师制定和执行教学计划的实践能力;新班长教师,通过参与园务会、走进班务会的方式,提升了班级文化管理的实践能力。

由于全园队伍培养策略调整,全体教师实现了从岗位适应到工作微创新的过渡,专业成长有了新的突破。目前,园内教职工获得区级及以上荣誉称号的11人;中学高级教师1人,幼儿园高级教师由2人增至8人;区级骨干教师由1人增至6人;园级骨干教师由3人增至5人。

实践让我们体会到文化建设内涵滋润着教职工的心灵,潜能的散发凝聚成无形力量,推动着园所和谐发展。在园所团队建设中,只有办园理念清晰、方向明确、立位准确、合乎人心才能走向和谐;在党建工作中,只有"立足现实、情系发展",才能取得真正实效。

我们要坚定走文化建设之路,保持树立文化品牌园所的信心与决心。和谐校园的建设是一项长期构建、培育的系统工程,需要我们不断地强化党支部的政治思想引领,需要我们全体党员、干部在工作中、学习中坚持发挥模范带头作用,以此充分调动全体职工的积极性和创造性,让他们在温馨、温暖的团队中工作着、生活着、幸福着、成长着——这是我们唯一的愿望,坚信这一天一定会到来!

例:主题活动:教育生活寻找、发现静美的过程
《小腾飞里的大发展》

活动背景:

2011年9月6日的更名庆典,让我们实现了从"崇托"到"崇幼"的跨越。几年来,"崇幼人"凭借着"真诚、友善、团结、精进"的价值追求,在园所文化建设中,倡导做"三有"教师——专业有发展、工作有追求、生活有品质,2015年进入示范园行列,实现了园所发展中的小腾飞。

第三十二个教师节来临之际,回顾五年来共同成长的经历,展望崇幼美好的愿景,让崇幼这片沃土承载着幼教人的教育情怀与职业理想再次腾飞。

活动目的:落脚点——新起点 心成长 欣腾飞。

1. 坚定办园方向,思路清晰。
2. 诠释崇幼教师内涵与状态。
3. 采用多种形式回顾崇幼发展的历程。
4. 体验崇幼教师工作与生活。

活动内容:

第一单元:扮靓自己 点亮生活

感知教师自己的生活状态,做优雅知性女人,教师走红毯。

第二单元:乐园记忆 伴我成长

2012年—2016年五届毕业生及家长代表回顾在崇幼的美好记忆。

第三单元:心灵舒展 生命书写

多种形式回顾自己与园所成长历程。

第四单元:感受美好 品味生活

冷餐会,体验有品质的生活,感受生活的幸福与美好。

成效:

(1)三个结合:①文化建设历程回顾与展望相结合;②活动体验与生活品质相结合;③生活课程与生活教育相结合。

(2)三个变化:①关注教师专业发展到关注生活品质的调整(冷餐会);②关注教师共性状态到关注个性状态的调整(扮靓自己,点亮生活,服装展示);③关注活动过程到关注活动意义的调整(为他人评价到为自己涵养)。

以师幼的生活为主线,关注生命生长的过程
《花样人生》

公共环境创设思路:

将花文化与育人结合起来:①对于教师个人——利用花形、花语、花品找寻自身成长方向;②对于干部——利用环境发现差异,尊重特点;③对于团队——承载花园中每个生命的成长状态。

表1-4-1-4

楼内墙面环境			
进程	内容	要求	负责人
创意设计阶段: 8月—9月5日	干部讨论、确定设计方案	与园所理念一致	单金雪
	教师寻找确定自己方案	确定自己的方案	全园教师
制作施工阶段: 9月12—9月20	将班组教师所写方案整合,外包设计制作	色彩协调,稳定	李淑荣
分享参与阶段: 9月—12月	发现身边教师闪光点,书写寄语	欣赏、激励教师	各部门负责人
成果总结阶段: 1月	关于环境创设与自身成长的成效	每位教师书写自己的感受最深的小故事	全园教师
	干部梳理管理心得	负责书写管理案例与实施心得	各部门负责人

成效:

(1)三个结合:①管理理念与实践过程的结合(花文化的渗透);②团队展示与自我呈现的结合(自我寻找与发现);③活动过程与阶段成效的结合。(自我强化与激励)

(2)三个变化:①关注师幼环境营造的比例有所调整(1:1);②关注会说话的环境到会心动的环境的调整(相互尊重、欣赏与激励);③关注静态环境到参与环境的调整。

第二节 携手同心共谱"革幼"新篇——启动雁行管理模型，绘制革幼蓝图

革新、改革、更新，是自我蜕变的动力和起点。梁启超《近世文明初祖培根笛卡儿之学说·绪言》："近世史与上世中世特异者不一端，而学术之革新，其最著也。"鲁迅《三闲集·无声的中国》："思想革新的结果，是发生社会革新运动。"老舍《四世同堂》四十："像钱先生所有的那样一套旧的，正是一种可以革新的基础。"

革新里幼儿园是一所零起点的公办性质的新建园，也是我担任园长工作的第二个重大挑战。园所建设初期，只有我和一个园址，它就像我即将孕育的另一个孩子。怎样面对未来的成长与发展，勾画怎样的未来愿景，从哪里出发，一个个现实问题摆在了面前……

安住当下，深信"天将降大任于斯人也，必先苦其心志，劳其筋骨，饿其体肤，空乏其身，行拂乱其所为，所以动心忍性，曾益其所不能……"

北京市东城区革新里幼儿园是2018年8月单独建制的一所公立幼儿园，位于东城最南端，永定门城楼西侧，近邻燕墩文化遗址公园。为缓解东城永外地区入园难，落实"幼有所育"的工作方针，政府投资近3000万元建设。幼儿园占地面积3000平方米，建筑面积2400平方米，2019年10月正式开园，可容纳小班、中班、大班幼儿近300人。在市区教委领导和多部门的关心、关注下，经过一年的组建，革幼团队由1名园长发展成为30人的教职工团队。

园所以"播种德善，为幸福人生奠基"为办园宗旨，以"德善家园、儿童乐园、生命花园"为办园目标，以"敬畏生命，用孩子的视角做教育"为教育理念，培育"有诚向善 有爱惠人"的健康儿童，"德行敦厚 专业自信"的革幼教师。近几年来，在落实"幼有所育"的基础上，积极尝试"幼有优育"的工作创新举措。实践中，秉承以习近平总书记提出的"四有好教师"为重大使命，在实践中躬身前行，勤耕细作，常态化落实用手、用脑、用脚、用心做教育的工作要求，以培养具有"东城品格、首都标准"的专业化、敬业型教育工作者为目标，努力办人民

满意的学前教育。全体教职工拥有同心、同德、同行的工作热情,在文化浸润中,构建园所文化理念体系、各项工作体系,以积极响应党的号召,落实加强体系治理能力和体系建设现代化的目标。

2020年,正当我国传统节日春节来临之际,新冠肺炎疫情突如其来,祖国的大好河山笼罩在阴霾之下,举国上下投入到抗击疫情的战斗中。经历为期8个月与疫情作斗争的奋力过程,我园坚持"停课不停学,停园不停研"的工作思路,将一批经验少、有朝气的年轻教师带进了教育实战场。实践中采取现代教育方式和学习方式引导教师观察幼儿、研究幼儿,更好地促进师幼、家长的共同发展。面对新园、新人、新岗的实际困难,急需在短时间内完成定方向、立目标、建规章、明使命的工作体系,让园所在新的起点上开创新征程。以保证园所持续、稳步、健康、向上的发展。

一、启动雁行管理模型,明确部门格局

管理模型的构建是明晰管理格局、清晰管理思路,是有序、有度、有效开展园所管理与团队建设所必需的四梁八柱,也是团队成员在实践中需要认同的共同价值观和教育行走方向。为了更好地带领新团队成员一同在教育改革与实践中实现教育理想与人生价值,园所在工作实践中巧用环境机遇,重新定义新团队成员的价值感——肩负革幼创始人的责任与使命,园所要积极、健康、向上的发展,需要我们定好调、开好头、铺好路,为此,在新时代背景下,结合新时期教育改革发展特点与时代要求,确立了我园三级管理体系以及党建引领下的园务保障与师生发展的工作格局。

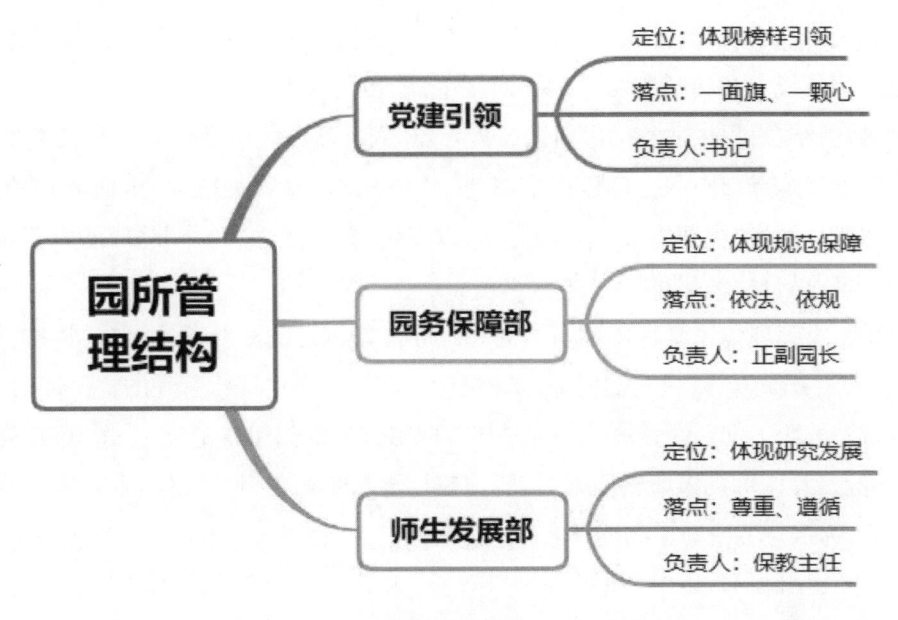

```
                          ┌── 定位：体现榜样引领
                 党建引领 ─┼── 落点：一面旗、一颗心
                ╱         └── 负责人：书记
               ╱
              ╱           ┌── 定位：体现规范保障
园所管理结构 ─── 园务保障部 ─┼── 落点：依法、依规
              ╲           └── 负责人：正副园长
               ╲
                ╲         ┌── 定位：体现研究发展
                 师生发展部 ─┼── 落点：尊重、遵循
                          └── 负责人：保教主任
```

图1-4-2-1

一级管理体系是园所管理的总纲，包括指导思想、工作思路、发展目标、办园理念及发展任务，是统领全园各项工作的精髓，是园所成员共同追求的方向和践行的价值边界，是全体教职工应根植于内心的行动指南。办园指导思想体系以九个坚持为核心内容，发展任务体系以五个强化为重要落点，保障园所稳步发展、向前推进。具体内容如下。

坚持党的全面教育基本方针，坚持党的宏观育人战略思想；坚持文明教育，坚持德智体全面发展；坚持正确引导，坚持传承党的优良传统；坚持爱党、爱国、爱人民的高尚情怀；坚持大公无私的精神，坚持立足本职积极向上；坚持全心全意为人民服务的崇高思想；坚持新思想、新理念、新认识作为新起点，坚持继续创新进取开拓务实的新理念为指导思想；以坚持党建引领，以造就社会有用之才为使命；坚持规范办园、文化立园、课程兴园的工作思路，落实全面育人、全园育人、全程育人；坚持依循规律，营造规范、人文、精进的教育环境，探究育人先育德，育德先育魂的教育本质，以办一所高质量、有品质的学前教育示范园为发展目标；以"播种德善，为幸福人生奠基"为办园宗旨；以"德善家园、儿童乐园、生命花园"为办园目标；以"敬畏儿童，用孩子的视角做教育"为教育理念；培育"有诚向善 有爱惠人"的健康儿童、"德行敦厚 专业自信"的革幼教师。明确发展任务,强化国家意识、人民意识、团队意识、师者意识,以强化中国传统文化传播和渗透为立园之本;以强化敬畏生命成长,强化保教、医教、体教结合,提供适宜的保教服务为兴园之本;以强化教育使命唤醒,强化德行深度修炼,提升专业自信为固园之本;以强化规范、系统、人文、全面、到位的体系管理运转,提速增效为润园之本;以强化同心、通力,合作共赢,助力学前教育事业的发展为助园之本。

二级管理体系是保障园所指导思想和工作方针的一级落实,包括党建引领部、园务保障部、师生发展部,是核心团队、核心工作运行管理的重要部门,是帮助教职工创造性开展工作的具体方向引领。部门工作定位、工作思路、重要落点、具体负责人职责明确,让管理执行进一步聚焦,保障办园方向的一致性,也为执行者明确了实践方向和工作思路。

党建引领部:以"一面旗帜 一颗善心"为宗旨,以"心系发展 为民服务 惠利员工"为工作目标,依据"源于善 行于实 呈于美"的工作思路,践行"善美党建",聚焦三个支点:"善"——和善意诚、恭敬谦逊;"实"——求真务实、脚踏实地;"美"——执行统一、和谐有序。

园务保障部:以"依规依法 安心保障"为宗旨,以"尽心服务 慎始善终"为目标,依据"源于安 行于真 呈于全"的工作思路,践行"放在心上 搁在心里"的工作核心,具体落点:"安"——安全、安心;"真"——真实、真诚;"全"——全心、全程。

师生发展部:以"尊重生命 遵循规律"为宗旨,以"成全儿童健康发展,成就教师专业发展"为目标,依据"源于守 行于勤 呈于醒"的工作思路,践行"敬畏儿童,用孩子喜欢的方式做教育"的工作核心,具体落点:"守"——向善、向上、向光;"勤"——精准目标,精勤实践;"度"——温度、适度、高度。

三级管理体系是每个部门下一级工作单元具体要遵循的工作目标、重点及完成成效,是更加细化具体落实办园理念的重要组成部分。

如:园务保障部下属的安全管理中心,其目标与角色定位是落实平安建园,强化安全是教育的生命底线,做园所平安生活的保障者;具体实施中要切实落位"人人都是安全员、事事都是安全教育、处处都有安全保障、时时都有安全提示"工作原则,将保安管理、设施设备管理、网络管理、消防与防汛、安全宣传与培训等工作落实到位。

如：师生发展部下属的家园协作中心，其目标与角色定位是落实开放办园，强化家园共育、共学、共促、共享，为幼儿营造良好的教育环境做积极的践行者；具体实践中形成以幼儿健康发展为核心，家、园、社区一体化的工作格局，其内容涉及日常家长工作开展、园级家长委员会管理、家长满意度测评、大型活动参与策划等。

二、启动层级闭环管理，明确履职要求

部门负责人是园所领导核心和决策核心，对园所发展理念、发展方向、发展思路、工作规范和实践效果有非常清晰的认知；对自身发展有追求，敢于担当，愿意奉献；有爱教育、爱团队的情怀；有爱学习、爱反思、爱整理的习惯；能成为自己生命的主人，也能成为教职工的同行者。

中心负责人是园所管理执行中心和专项工作的领导核心，对园所发展理念、发展方向、发展思路、工作规范和实践效果有清晰的认知；对自身成长有定位，敢于管理，愿意研究；有爱事业、爱同伴的情怀；有爱阅读、爱思考的习惯；能成为团队的中流砥柱，也能成为教职工的知心伙伴。

岗位负责人是园所各项工作的具体操作核心和质量落实核心，对园所发展理念、发展方向、发展思路、工作规范和实践效果有比较清晰的认知；对自身专业发展有愿望，敢于尝试，愿意实践；有爱岗位、爱孩子的情怀；有爱学习、爱思考、爱收纳的习惯；能成为岗位能手，也能成为岗位典范。

上述工作管理体系和人员组织体系构成了园所各项工作开展的重要脉络，把握住核心目标、履行好工作角色，为教职工在本岗工作中创造性开展工作提供了合理空间，又能按照园所既定方向和思路，有序推进规范办园的工作历程。

疫情给予我们很多危困，同时又让我们在解围中不断发现自己的潜能，工作的积极性和创造性在实践中不断迸发！安于园所蓝图绘制，勤于践行管理核心，让"放在心上、搁在心里"的工作风格擦亮革幼品牌！

第二部分 专项研究与实践

　　实践研究是教育专业成长的必经之路,是在教育教学实践中发现规律、认识规律、运用规律的过程,是优化和创新教育实践的根基。这个部分的内容完整呈现了近10年来,深入一线带领老师开展实践的过程,主要有图画书阅读的课程开发、幼儿自立能力培养、衔接教育、家园社协调教育、教师管理与实践等内容。主要研究支持教师专业成长的思维路径、实践方式等。

第一章 图画书阅读的课程开发

"以图画书阅读为载体促进幼儿主动发展"是北京市教育学会立项科研课题,三年的课题研究,使得教师以儿童发展为主线,对图画书的分析与阅读、课程开发与使用有了较为系统、深刻的实践经验。

第一节 以绘本阅读为载体促进幼儿主动发展

绘本,又名图画书,指一类以绘画为主,并附有少量文字的书籍。它可以帮助读者了解有意义的背景情境,建构基础能力,是提供情感抒发、提升学习兴趣、经验学习的媒介。国际公认"绘本是最适合幼儿阅读的图书"。著名心理专家郝滨老师认为:"如果成人能有意识地选择一些优秀绘本和孩子一起阅读,既有助于帮助孩子建构精神世界,促进心智化发展,又有助于培养孩子良好的道德品质和行为习惯,善加利用,可以在人的一生中起到奠基作用。"可见,绘本是可以帮助孩子建构精神世界、培养多元智能的一种载体,利用其功能和优势作为教学媒介,可以有效激发儿童视觉、听觉、思考空间的发展。

《坚持到底不放弃》是美国心理学会官方授权的一本关于儿童情绪管理与性格培养的绘本。此绘本给予了我重要的启发,它是幼儿核心素养与能力培养的一个可视、可读的文学作品和艺术作品,是可以帮助幼儿认识自我、调整自我、培养毅力的载体工具。本文通过对《坚持到底不放弃》绘本的分析与运用,来说明教师是如何以绘本为载体提高幼儿主动发展策略的有效性的。本文将从美学视角和文学视角对绘本进行作品分析,依据幼儿发展的实际需要,注重过程中的有效互动,开展以绘本为载体的系列活动,促进幼儿能力、品质、习惯与思维的提升、养成。

一、系统分析是促进幼儿主动发展的前提

系统分析是指对幼儿学习与发展的可能性、可行性进行全面评估,是教师有效支持幼儿主动发展的前提。

二、分析作品的基本元素,对绘本内容与表达含义充分了解

首先,从美学视角分析绘本作品中人物、色彩、图形、构图,解读其要表达的内涵。如《坚持到底不放弃》中的艺术线索:一是色彩:颜色与心情相对应。整个图画书以蓝、绿、黄、白为主要色调,使阅读者的心情能轻松愉悦。文中对于重点字有字形与颜色的变化,帮助幼儿重点记忆与理解。二是线条:实线与虚线、直线与曲线,对幼儿阅读理解内容有重要的启示与帮助。三是图形:小青蛙装饰图案的细节变化。四是构图:包括上下+左右(突出的是背景与主体)、左右对称(突出的是主人公的对话)、左右不同(突出对比关系)、上下并列、上中下(突出主体)等9种构图表达方式。

其次,从文学视角分析作品的字、词、句、情节,片段关系等。《坚持到底不放弃》中的文学线索:一是人物线索:包括小青蛙、蜻蜓、小鱼、长颈鹿、小狮子、小象、猩猩、小老鼠、青蛙的爸爸妈妈、猫头鹰11个人物。二是表达方式:从人物的自然属性过渡到社会属性。三是情境与内容线索:游戏搭积木中的玩与演讲中的任务完成是递进关系,帮助幼儿理解并学会坚持到底不放弃的思维方法和做事思路。对作品基本元素的了解,让教师对幼儿传递或引发思考的内容素材心中有数。

三、分析幼儿的发展特点,对学习者的现状做充分了解

首先,了解相关领域发展特点和发展水平,把握幼儿年龄特点,为解读幼儿在活动中可能出现的问题或现象予以支持。一是大班幼儿语言发展年龄特点:能听懂更多较复杂的句子,理解一段话的意思。能用语言描述事物发展的顺序,且有意识地组织句子。二是大班幼儿美术发展年龄特点:大班幼儿逐步认识到事物之间的一些简单关系和联系,对于事件、情节的表现成为他们绘画表达的一大特点;幼儿艺术表达能力存在较为明显的个体差异。幼儿自发的

艺术活动既体现着他们的兴趣、爱好和现有水平,也显示出他们在某项活动中的天赋和潜能。

其次,了解活动内容中可以完成的领域目标,明确幼儿在活动中的发展点,观察幼儿的实际状态和需要。大班语言领域目标:一是喜欢听故事、看图书——以"我"的发现为线索,帮助幼儿感知作品并了解作者相关创意。关注点:幼儿的阅读与发现、倾听与专注度;幼儿表达中思维的完整性。二是能自主阅读作品内容,会筛选自己感兴趣的问题。关注点:幼儿的阅读习惯与过程中的理解。三是引导幼儿发现作品中的文字符号,理解表示的意义。关注点:幼儿对图形符号和文字符号在作品中表达意义的感知与理解。四是引导幼儿自主表达、表现。关注点:引导幼儿围绕一个话题进行讨论,提出自己的问题,用语言交流和绘画表达的方式呈现自己的想法。大班艺术领域目标(美术):鼓励幼儿用各种美术方式表达自己的所见、所知、所想,扩展和深化幼儿对生活中各种事物的认识,鼓励幼儿大胆而富有个性地表达。

最后,了解教师的关注点,预先对活动的有效支持策略与方式做到心中有数,便于活动中针对幼儿表现给予回应或有效干预:一是在语言领域教学中教师指导的关键要点:利用多种方式鼓励幼儿自选(自选伙伴、自选场地、自选画面、自选喜欢的问题等),培养孩子的自主决策能力;利用教师提问、幼儿复述问题、师生对话等方式,帮助幼儿从听见过渡到听懂;家园共育方式引导幼儿多阅读、会阅读、爱阅读。二是在艺术领域教学中教师指导的关键要点:关注线条、图形与构图给幼儿阅读带来的启发与美感;教师引导幼儿关注主要人物的表情与事情之间的关系。对幼儿发展特点和教师指导关键要点的清晰,为教师对如何有效支持幼儿发展提供了方向和内容。

分析活动的实践思路,对过程的教育价值充分了解:一是制定思维导图,明确活动开展步骤,从幼儿学习认知的不同阶段(了解—理解—巩固—运用)进行活动设计,使教师对幼儿可能发生的"学习"及活动开展做全方位的准备。二是制定活动进程,依据活动思路确定活动进程、活动形式。以"坚持到底不放弃"系列活动为例。

了解阶段——熟悉作品,了解幼儿兴趣需要。

活动一:语言活动,以"我"的发现为线索,帮助幼儿感知作品并了解作者相关创意。

活动二:家园活动,以亲子阅读的方式让幼儿亲近文学作品,筛选自己感兴趣的问题。

理解阶段——深化对内容、表现手法、表现形式的感知。

活动三:语言活动,以"我"的问题为线索,帮助幼儿进一步熟悉作品。

活动四:家园活动,以青蛙的特性为题,学会收集答案。

活动五:交流活动,以青蛙为主题进行收集答案的分享,进一步激发幼儿学习和探究的兴趣。

活动六:语言活动,通过文字阅读,寻找幼儿感兴趣的词汇,对故事情节进行讨论,进一步理解作品。

活动七:家园活动,仿画"坚持按时来园不放弃"你可以怎么做?"坚持与同伴友好相处"你会怎么办?任选一个主题,完成绘画后请家长帮助记录。

巩固阶段——丰富内容与经验。

活动八:绘画活动:利用绘画方式,记录幼儿的想法并了解幼儿对作品的理解程度。

运用阶段——习得方法后的转化。

活动九:实践活动:针对幼儿"坚持按时来园不放弃""坚持与同伴友好相处"进行实践落实(集体教学活动、日常分享活动、家园活动、实践活动)力求将幼儿的学习生活化、多元化、自主化。对活动思路与进程进行建构,帮助教师保障活动的完整性与幼儿活动的生成性。

分析活动的研究重点,对活动的发力点做充分了解。一是明确活动全过程的实施要点:即起点、过程、实效的落脚点,帮助教师明确幼儿是学习活动的主体,保证活动的实效性;二是明确互动方式与有效支持,帮助幼儿延迟活动探究兴趣,保证活动的实效性;三是课程资源的多元整合与利用,帮助幼儿学会思考与问题解决,保证活动的实效性。如"坚持到底不放弃"系列活动的研究重点是:研究以幼儿兴趣、幼儿发现为核心的教师支持性组织方式的应用,促进幼儿自主学习、主动发展;研究师幼有效互动,促进幼儿自主学习、主动发展;研究课程资源的多元整合与利用,促进幼儿自主学习、主动发展。对活动研究重点的清晰,为教师转变观念、改变支持策略提供了帮助。

对作品基本元素、幼儿发展特点、活动实践思路与进程、活动研究重点的细致分析,帮助教师认识了作品、幼儿、自身助力方式等,为实践活动中研究幼儿发展的有效性提供了全面、全程、全体的内容、方法、方式与评价要点。

四、理解尊重是促进幼儿主动发展的关键

理解尊重是对幼儿学习与发展的积极性、能动性进行全面调动的核心所在,是教师促进幼儿主动发展的关键。发挥兴趣导向作用,变间接兴趣为直接兴趣,助力发展幼儿学习的兴趣性。

一是活动设计中,从幼儿感兴趣的画面、问题、情节入手,开展熟悉绘本的初始活动,帮助幼儿缩小与绘本作品的"距离"。"爱上绘本作品"是促进幼儿主动学习的关键。活动开展过程中,幼儿交流分享自己感兴趣的话题,通过"我"的发现(寻找幼儿感兴趣的画面),"我"的问题(收集筛选感兴趣的问题),共寻青蛙属性(自主寻找与交流),"我"喜欢的字、词、句、情节(自我解读,共寻答案)等环节,使幼儿积极思考、主动表达自己想法。观察、收集、分析每个幼儿感兴趣的内容是教师有效支持幼儿学习的关键要点,也是理解尊重幼儿的具体体现。如:在寻找感兴趣的内容时,有的幼儿喜欢小青蛙搭建积木时为什么用胶水的画面内容,有的喜欢小青蛙和大猩猩一起卷的纸条。这些感兴趣的内容的出现为幼儿主动交流,为教师了解幼儿的学习需求和个性差异提供了条件。同时,教师也巧妙地运用自己感兴趣的内容与幼儿分享,自然互动中为课程延展做好了铺垫。如:你们知道老师对什么内容感兴趣吗?我喜欢小青蛙的这个状态,它们是笑眯眯的,很开心快乐。而且它们脖子上的装饰不一样,一个戴蝴蝶结、一个戴花环,变了装饰后感觉样子不一样了。就像自己每天上班换衣服一样,给自己一个漂亮的装扮和美美的心情。

二是幼儿在阅读时收集了自己喜欢的问题,为幼儿主动学习找到了探究方向。如:小青蛙写这么长的纸条,写的是什么?为什么搭积木还需要水壶、勺子和那么多东西?搭积木时为什么要用胶水?长颈鹿的汤里为什么有苍蝇?为什么有好几页都有虚线?活动开展中,教师请幼儿先分享自己与家长在阅读过程中感兴趣的问题,然后将幼儿共同感兴趣的问题作为活动重点开展教学活动——图画书中为什么好几页都有虚线?活动后,以教师的问题为线索,引发幼儿回家与家长一同探讨——小青蛙前后腿上有几个脚趾?小青蛙生活在哪里？它喜欢吃什么？以幼儿感兴趣的内容开展活动,虽然内容比较分散,但幼儿探索的积极性很高,在自然的状态下,收获了自己和同伴需要的经验。

发挥能动自主导向作用,变单一互动为多元互动,助力幼儿学习的游戏性。活动设计中,每个环节预设好孩子的互动方式——师幼引导、互答；自选同伴交流、集体交流、自我思考等。活动过程中,关注幼儿自选方式的运用与表达,对幼儿不同的选择方式和表现给予回应。如：在绘画活动时,通过自选主题—自选工具—自选座位—自选表达方式等让幼儿成为活动的主人；鼓励幼儿运用自己的方法进行选择,特别是同组幼儿介绍自己活动的选择过程和学习过程时,幼儿更是神采奕奕、精神专注。如：一名幼儿在绘画过程中遇到了不会画"真棒"的动作,向教师求助时,教师正在为邻桌的幼儿记录。她自己想了一个办法,把手贴在纸上摹画轮廓,解决了这个问题。当她向集体介绍时,自信的样子呈现出由衷的喜悦。活动方式的变换与自主选择,让幼儿感受学习的游戏性,同时也丰富了幼儿的经验。活动中幼儿体会、收获了做自己的事、为自己做事的快乐。

发挥环境资源的整合作用,变课堂教学活动为生活常态活动,助力幼儿学习的生活化。活动设计中,对绘本作品的本体功能和潜在功能进行分析,尝试将幼儿生活中的经验与线索进行有机整合；多领域活动内容与方式的整合,让幼儿在自然活动中感知学习中的乐趣。"坚持到底不放弃"系列活动开展的初衷是为幼儿幼小衔接做好心理和能力准备。牢记这一要点,教师搜集所有的资源,利用活动前的准备环节与幼儿互动交流,让幼儿在自然的互动中,得到成长。如：一是认知游戏,认识时间。教师问："时钟长针从8移动到9可能是多长时间？"幼儿说："5分钟,5秒钟。""还可能是什么？""还可能是1小时。"教师小结："又细又长的针,从8移动到9是5秒钟；粗一点,长一点的针,从8移动到9是5分钟；最粗最短的针从8移动到9是1小时。小朋友的回答说明你们已经会认识时间了。那么一会儿我们在做事和玩游戏的过程中,会用中间的那个分针来看时间。小朋友感受一下时间到底有多长,在规定时间里可以完成什么事情。"二是点数游戏。老师问："今天来了几个小朋友？"幼儿尝试用自己的方式计数。幼儿在计数过程中,有一个一个地数数,有两个两个地数数,还有一组一组相加得出结果,幼儿用自己的方式得知了结果,为活动中幼儿用自己的方式解读字义和词义进行了铺垫。三是时间倒计时。教师问:"今天是6月15日,6月有多少天? 你们离30日毕业还有几天?"幼儿说:"6月份有30天,我们离毕业还有15天、还有10天、还有9天。"幼儿不同的回答为主动探究提供了线索。"到底还有几天? 我们大家一起看一看就知道了。以后大家注意有不同想法和答案时,要先静静去听,别人到底为什么会这样说。""我的问题是距离毕业还有多少天? 今天不算,我们从明天开始算起,谁来数数?"教师问。"黑色部分是9天,这是我们来幼儿园的时间。""那你们能不能坚持9天来幼儿园? 毕业后,你们就不能坐在幼儿园的教室里游戏、吃饭啦! 所以小朋友一定要珍惜!""我的问题是从今天之后还有多少天就要到月底毕业?"幼儿答:"15天。"教师小结:刚才有幼儿说还有9天上幼儿园的时间,还有小朋友说15天到月底,他们的回答是不一样的。对应墙饰上小朋友记录的天数看有没有问题。肯定幼儿在墙饰上记录的结果无误。资源的整合及巧妙利用,让幼儿的学习有意思、有意义。同时,让幼儿也体会到了生活中的学习无处不在。

发挥信息加工的转化作用,变教师调控为自我调控,助力幼儿学习的专注性。活动中,教师提出任务后,通过幼儿重复、教师分解问题与提要求的方式,帮助幼儿从"听见"到"听懂";给予相应的时间和空间,为深度思考和专注思维提供保障;对幼儿感兴趣的内容,通过自我诠释、同伴解读、集体梳理、达成共识的方法,帮助幼儿学思求悟。如:在解读"坚持到底不放弃"这句话时,幼儿说:"就是一件事坚持到底,有困难不放弃;把事情努力做完;累了也要继续。"这句话到底是什么意思呢? 我们可以用什么方法查询呢? 幼儿说:"可以查字典和手机。"教师通过查阅手机得知的答案是:做事有始有终,不半途而废。"有始有终是什么意思?"幼儿答"有开始有结束""干一件事不能再干另外一件事,不能三心二意""不放弃"等。"我们能否用图画表示一下?"教师用线段的方式表示有始有终是有开始有结束,中间不间断。在问题解决过程中,通过系列活动让幼儿自己探索,寻找答案。如:在探究解决"为什么好几页都有虚线"这个问题时,通过回忆说——作品中哪里有虚线? 说明什么意思? 现场从作品中再次寻找,帮助幼儿再次记忆、发现、理解;当场画——用绘画的方式记录有虚线的画面,熟悉画法、理解其意;同伴说——分享自己对虚线表达意思的解读;共梳理——师幼对画面虚线的内容、种类与表达的意思进行梳理并达成共识。

信息的转化与加工,让幼儿的学习更加专注、更加自主。

理解尊重幼儿,即:站在儿童的立场,以适合幼儿学习的内容、组织方式为基础开展活动,提供有效引导幼儿积极思维、主动表达他们自己所思所想的机会和环境,为幼儿主动学习与发展导引助力。

五、家园共育是促进幼儿主动发展的补充

家园共育,是幼儿学习经验完整性与连贯性的重要保障。活动中,在清晰幼儿的发展点、教师关注点的同时,增加了家长的参与点的内容,力求使家园工作的一致性、关注幼儿话题的统一性得到有效保障;园内与园外、集中活动与个别活动、集体交流分析与自我探究相结合的方式,使幼儿的个性表达与共同学习得到有效保障。活动中,通过亲子阅读,熟悉了作品内容;通过反复阅读,了解了幼儿感兴趣的问题,并对问题的理解进行了记录;幼儿在家长的陪同下,寻找了关于小青蛙生活习性、特点等知识。家园携手共育,让孩子成为学习与发展的主人,成为助力支持的核心。通过多元信息输入、多种方式的转化与巩固,在系列活动开展中,幼儿对坚持和毅力有了自己的理解和认知,并掌握了做事坚持到底不放弃的方法。特别是在实际行为习惯的养成中取得了良好的成效。在最后离园的9天中,幼儿能够坚持按时来园,在完成各项工作时能够将掌握的方法学以致用。

第二节 绘本《彩虹色的花》中班说课案例

一、作品分析:《彩虹色的花》

(一)两个视角

文学作品和美术作品两个视角进行作品分析。

(二)文学线索

1.词汇线索:四季特征明显的词汇主题线索。

积雪融化、舒服的晴天——春季　　又闷又热、阳光强烈——夏季

白天越来越短、乌云遮住天空——秋季　白茫茫、大雪覆盖——冬季

2.礼貌交往、分享帮助、温暖。

礼貌交往——面对面(人物、对视、身体前倾)。

　　　　——用语:早安……我是……你是谁呀?(2次)

你好……你是……你好……我是(4次)

　　　　——内容分享快乐:"说不定你能用得上。"

　　　　　　　　　　　"也许与你的绿色相配。"

　　　　　　　　　　　"我的花瓣不好看吗?"

　　　　　　　　　　　"有没有你喜欢的彩虹色的花瓣呢?"

　　　　　　　　　　　"我能帮你什么忙吗?"

(三)艺术线索

1.色彩。颜色与季节的对应。春季——绿色多;夏季——耀眼的黄色;秋季——橙红色;冬季——白色。

2.线条。地基水平线、放射线(光芒)、直线、折线、长线、短线。

3.图形。圆形、半圆形、椭圆形、水滴形、云朵形、叶子形。

4.构图。对称11幅画面、夸张6幅画面突出主体、遮挡12幅画面突出主体与背景的关系、散点2幅画面、基底线11幅画面突出空间布局。

二、《彩虹色的花》思维导图与活动进程

1.了解阶段——熟悉作品,了解幼儿兴趣需要。

活动一:语言活动,引导幼儿喜欢看图书,了解其中的内容,激发幼儿的学习兴趣和阅读兴趣。

活动二:美术活动,了解孩子对线条和图形的掌握程度,发现图画书及生活中的实物图形。

活动三:美术活动,引导幼儿主动发现图画中自己喜欢的画面,用画笔记录明显特征。

2.理解阶段——深化对内容、方法、表现形式的感知。

活动四:语言活动,仔细观察画面,猜想书中人物行为、对话、表情的含义,理解作品内容;体会礼貌交谈以及交往的快乐。

活动五:语言活动,仔细观察画面的色彩,通过比较的方式发现季节特征,

鼓励幼儿用恰当的词表达出来。

3.巩固阶段——丰富内容与经验。

4.运用阶段——习得方法后的转化。

三、研究重点

1.研究以幼儿兴趣、需要为核心的教师支持性组织方式的应用,促进幼儿自主学习、主动发展。

2.研究五大领域目标在幼儿学习中整合性、渗透式的运用,促进幼儿自主学习、主动发展。

3.如何利用图画书资源促进幼儿自主学习、主动发展。

四、中班幼儿领域发展特点

(一)语言领域

1.中班幼儿语言发展年龄特点:能听懂意思、词汇要迅速增加、在使用简单句基础上会连贯表达。

2.中班语言领域目标。

(1)引导幼儿学习主动运用语言与别人有礼貌地交谈交往,体验语言交流对自己的意义。

(2)能自主发现画面内容,会清楚地表达呈现的意思。

关注点:幼儿的阅读习惯、理解、倾听与专注。

(3)引导幼儿喜欢上听儿童文学作品,会复述故事、续编故事。

关注点:两个人的互动内容。

(4)引导幼儿自主表达、表现。

关注点:语言交流和绘画表达。

3.教师指导关注要点。

(1)中班幼儿应尽量让他们自己琢磨画面,形象生动的画面能帮助幼儿联想,并能产生把看到的内容讲出来的愿望。

(2)成人的指导,主要是引导幼儿能仔细观察画面,比较书中人物的行为、表情,以帮助幼儿正确理解书中的内容,启发幼儿用恰当的词和句子把书中的内容讲出来。

(3)幼儿对画面文字感兴趣时,成人可以和幼儿一起边看书边指读,培养幼儿的阅读兴趣。

(二)艺术领域(美术)

1.中班幼儿美术发展年龄特点。

(1)艺术领域活动的情感性、愉悦性、形象性、想象性、活动性等特点符合幼儿的思维水平和认知特点。

(2)艺术活动是幼儿表达对周围事物认识情况和情感态度的方式和手段;表达自己理解、经验和想象的过程中,有明确的目的。

(3)能用简单形状逐步深入表达越来越多的事物。

2.中班艺术领域目标(美术)。

(1)引导幼儿主动寻找发现图画书中自己最喜欢的画面。

(2)感受作品的美。

(3)引导幼儿用自己喜欢的方式,表达对事物深刻的印象。

3.教师指导的关键要点。

(1)教师要注意让幼儿接触和表现各种不同的事物,多积累形象。

(2)表现物体大轮廓的同时,还须一步步区分物体的各个组成部分和细节并加以表现。

(3)欣赏时也应该注意所欣赏形象的广度与区别性。

附1 活动四:中班《彩虹色的花》的说课稿

一、设计意图

1."把自主权交给孩子",让孩子在活动中有更多的选择、参与及思维互动。

2.从幼儿的兴趣需要出发设计活动环节,让幼儿体会是自己在主动学习。

3.教师明确各环节中幼儿的发展点和教师的关注点,便于有效持续观察幼儿表现,支持幼儿主动发展。

二、活动准备

1.经验准备。前期通过语言活动观察、猜想,了解画面内容;通过艺术绘画的方式了解了色彩、图像所代表的含义;幼儿用绘画的方式记录了自己最喜欢的画面。

2.物质准备。大书一套、图书若干、幼儿绘画作品(第一幅图8人;最后一幅图6人;第三幅图3人;第四幅图2人;第五幅图和第六幅图各1人)。

三、研究重点

1.活动组织过程中尝试从孩子感兴趣的画面入手进行观察、猜想,通过看一看、想一想、说一说、找一找的方式,帮助幼儿理解画面内容并进行自我表达。

2.组织方式上采取集体交流、同伴交流、自我阅读、小组交流的方式,调动幼儿参与的积极性。

3.备课过程中,每个环节(教师提示、教师关注、活动方式)的细致思考,让教师更有精力关注活动过程中幼儿的表现。

四、活动过程

1.导入部分。欣赏幼儿绘画作品,唤起幼儿对《彩虹色的花》的回忆,激发学习兴趣。

2.展开部分。通过看图、观察、猜想的方式理解作品。从幼儿喜欢的画面入手进行观察,从幼儿喜欢最多的部分开始。

3.结束部分。教师完整讲述故事,帮助幼儿形成完整记忆。

4.延伸部分。

(1)给孩子留个任务,寻找有关季节的词汇。

(2)与幼儿共同布置环境。

五、活动反思

1.优势。

(1)把自主选择权交给孩子后,幼儿学习的积极性、主动性提高了,特别是改变互动交流方式后,更加专注。

(2)教师在活动组织过程中由讲课(讲话)到与幼儿互动对话的转变,让幼儿感受更加自然、亲切,整个活动自然、流畅。

2.不足。在幼儿理解与表达过程中,发现幼儿在共情过程中词汇表达比较单一,需在今后活动中加强共行、共情的活动体验,帮助幼儿掌握更多的词汇。

附2 活动四:中班语言活动《彩虹色的花》(教案)

一、活动目标

1.仔细观察画面,猜想书中人物行为、对话、表情的含义,理解作品内容。
2.体会礼貌交谈以及交往的快乐。

二、活动准备

大书一套、图书若干、幼儿绘画作品(根据幼儿绘画内容了解幼儿的兴趣)。

研究重点:内容组织过程中尝试从孩子感兴趣的画面入手进行观察、猜想和表达。

三、活动过程

(一)导入部分

欣赏幼儿绘画作品,唤起幼儿对《彩虹色的花》的回忆,激发学习兴趣。

(二)展开部分

通过看图、观察、猜想的方式理解作品。从幼儿喜欢的画面入手进行观察,从幼儿喜欢最多的部分开始。

1.出示第一幅画。

(1)看一看,你们看到了什么?

提示:看谁看得仔细,发现得最多,能用恰当的词说出来。

关注:幼儿观察的顺序。

方式:幼儿在集体面前回答。

(2)想一想,它们在干什么,说什么?它们的心情怎么样?你是从哪里看出来的?

提示:说出自己的感受和自己的发现。

关注:幼儿观察后的理解与联想。

方式:同伴交流、集体分享。

2.出示最后一幅画。

(1)看一看,你们看到了什么?

提示:看谁看得仔细,发现得最多,能用恰当的词说出来。

关注:幼儿观察的顺序。

方式:幼儿在集体面前回答。

(2)想一想,两幅画之间发生了什么有趣的故事呢?小动物们遇到了什么困难?它们是怎样解决的?

提示:它们见面时说了些什么?需要帮助时又说了些什么?

关注:幼儿对已有经验的回顾与表达。

方式:同伴交流,小组分享。

3.幼儿自选画面讲述。

提示:幼儿从对话、表情和动作中去感受他们之间发生的事。

关注:幼儿对观察顺序与细节的掌握程度。

方式:幼儿自我阅读。

(三)结束部分

教师完整讲述故事,帮助幼儿形成完整记忆。

提示:彩虹色的花在这个故事中经历了几个季节?你是怎么知道的?

关注:幼儿倾听的专注度。

方式:幼儿自主回答,集体分享。

(四)延伸部分

1.给孩子留个任务,寻找有关季节的词汇。

2.与幼儿共同布置环境。

附3 活动五:中班《彩虹色的花》的说课稿

一、设计意图

1.家园互动对幼儿学习积极性的调动,注重课上与课下学习的连续性、渗透性和整合性。

2.环境创设与活动开展有机衔接,让幼儿体验自己是学习的主人。

二、研究重点

1.用指读、跟读的方式,帮助幼儿将图文对应,寻找季节特征的词汇。

2.组织方式。由教师带领读到师生共同读再到幼儿带领指读,让幼儿学习的积极性得到充分展示。

3.利用家长与幼儿收集关于四季特征的词汇卡进行环境创设和游戏,帮助幼儿进一步丰富词汇,感知四季明显特征。

三、活动目标

1.仔细观察画面的色彩,通过词汇比较的方式发现季节特征。

2.鼓励幼儿用形容词、象声词恰当地表达季节特征。

四、活动准备

经验准备:个别幼儿认识汉字;幼儿对故事情节和画面比较熟悉。

物质准备:大书、图画书、词汇卡(幼儿收集关于四季特征的词汇、语句)。

五、活动过程

导入部分:了解幼儿在家寻找到的关于冬季特征的词汇,迁移幼儿已有的经验,调动幼儿学习的积极性。

展开部分:采用倒序的方式,分段讲述故事内容,找出关于描写季节的词汇和颜色的特征。

结束部分:利用幼儿寻找的词汇布置墙面环境,然后进行分类游戏,丰富幼儿词汇量,感知四季的明显特征。

六、活动反思

1.优势。主要包括：①家园互动帮助幼儿丰富经验，幼儿在学习与游戏中积极性高，特别是在最后"丢卡片"游戏时，幼儿能将自己寻找的词汇进行季节分类，对放错的词卡能及时纠错；②幼儿提供小雪花的儿歌作为活动的增加部分，虽然活动时间稍长，但幼儿依然专注，说明幼儿对自己寻找的内容感兴趣，有强烈的学习愿望。

2.劣势。使用指读法进行阅读时，幼儿方法掌握不得当，影响了幼儿阅读的专注性，在今后活动中需进一步加强练习。

附4 活动五：语言活动《彩虹色的花》（教案）

一、活动目标

1.仔细观察画面的色彩，通过词汇比较的方式发现季节特征。
2.鼓励幼儿用形容词、象声词恰当地表达季节特征。

二、活动准备

经验准备：个别幼儿认识汉字；幼儿对故事情节和画面比较熟悉。
物质准备：大书、图画书、词汇卡（幼儿收集关于四季特征的词汇、语句）。

三、研究重点

1.家园互动对幼儿学习积极性的调动。
2.环境创设与活动开展的有机衔接，让幼儿体验主动学习的乐趣。

四、活动过程

（一）导入部分

了解幼儿在家寻找到的关于冬季特征的词汇，迁移幼儿已有的学习经验，调动幼儿学习的积极性。

（二）展开部分

采用倒序的方式，分段讲述故事内容，找出关于描写季节的词汇和颜色的特征。

1.教师讲述最后一幅图(冬季),幼儿看图倾听。

提示:幼儿在倾听过程中寻找关于冬季的词汇;看一看冬天下雪时是什么颜色?

冬天词汇:白茫茫、大雪覆盖;颜色:白色。

关注:幼儿倾听的专注度和幼儿表现。

方式:集体倾听,幼儿回答。

2.教师和幼儿共同讲述第一幅画面(春季),师幼指读。

提示:幼儿手眼协调,从左往右逐一指读。

关注:幼儿对字词音形的对应和阅读的专注性。

方式:师生共读。

3.请认识汉字的幼儿和老师一起带领指读第二幅画面(春季),全体幼儿一起指读、跟读。

提示:幼儿手眼协调,速度均匀;找一找描写春天的词有哪些?

春天词汇:积雪融化、舒服的晴天。

关注:幼儿对字词音形的对应和阅读的专注性。

方式:幼儿领读,集体面前分享。

4.请认识汉字的幼儿带领指读第三幅画面(夏季)和第四幅画面(秋季),师幼一起指读。

提示:幼儿寻找描写夏季和秋季的词汇。

夏季的词汇:又闷又热、阳光强烈。

秋季的词汇:白天越来越短、乌云遮住天空、雷声、大风。

关注:幼儿阅读的专注性和对季节明显特征的认识。

方式:集体阅读,同伴、小组分享。

5.回顾四季特征的词汇,找找四季中的颜色。

春季:绿色;夏季:黄色;秋季:橙红色;冬季:白色。

五、结束部分

利用幼儿寻找的词汇布置墙面环境,然后进行分类游戏,丰富幼儿词汇量,感知四季的明显特征。

  提示:幼儿将自己寻找的词卡或图片分别放置四季标识的地方。

  关注:幼儿参与的积极性及词卡放置位置是否正确。

  方式:集体进行游戏,教师分别读字卡,辨认季节特征。

第二章 关于幼儿自立能力培养的实践研究

幼儿自立能力培养是崇文幼儿园关于生活课程研究的重点内容,课题曾在东城区教育科学规划办立项,项目以幼儿发展为本,以一日生活中的四大情境和主要内容为主线,研究生活课程发展目标、自立能力在不同年龄班的定位以及教师和幼儿在互动过程中的双发展。

第一节 研究报告《幼儿自立能力培养的实践研究》

一、问题的提出

自立意识是儿童逐步走上成人之路、适应现代社会环境所必须具备的品质。幼儿自立能力的培养和提高能够促进幼儿独立性、自信心的增强,并为其一生奠定良好的基础。同时幼儿时期是生长发育的关键期,幼儿教育作为人生教育的起始阶段,对幼儿自立能力的培养有着不可忽视的作用。《幼儿园教育指导纲要》和《3—6岁儿童学习与发展指南》中,明确指出在一日生活中要鼓励幼儿尝试自立,能做力所能及的事情,同时在尝试中要有自尊、自主的表现。结合幼儿园实际生活和幼儿发展特点以及自立形成的条件,优化一日生活各环节的质量可以帮助幼儿更好地在自然常态下养成良好习惯,促进生活能力与学习品质的主动发展。

本研究旨在探索幼儿在一日生活环节中的关键经验和幼儿自立能力培养的有效策略。通过探索如何培养幼儿自立能力来帮助教师解决在组织幼儿一日生活中重教轻保、重环节分配轻内容整合、重研究教师轻研究幼儿等现象；帮助幼儿解决过于依赖家长、依赖教师、依赖同伴的被动现象。力求在《纲要》和《指南》精神的指导下，优化教师观念与行为，以幼儿生活习惯和自立能力培养为基础，促进其独立性、主动性和责任性的发展，使幼儿能在"快乐中生活、在生活中学习、在学习中成长"。通过以上问题的研究，实现园所、教师、幼儿三位一体的协同发展，促进师幼相互支持、互帮互促的新型关系的构建。

二、核心概念的界定

1.幼儿自立能力。是指幼儿在生活中自己能做的事情自己做，在学习中能独立思考，独立理解，在处理事件时能够做出自己的决定而不依赖他人的一种习惯和能力，主要体现在幼儿发展中的独立性、主动性和责任性等方面。

2.幼儿自立能力的关键经验。是指幼儿在自立能力发展过程中习得的习惯、技能、态度等。

3.教师支持策略。在幼儿学习活动中，成人应采取支持幼儿持续发现、探索、思考的策略。

4.一日生活环节。幼儿在幼儿园一日生活中除集体教育活动、游戏活动、户外锻炼活动以外的生活内容，它主要体现为四大情境，即来园与离园、盥洗与如厕、进餐与加餐、午睡环节等。

三、文献综述

(一)自立能力培养方面的相关文献

1.关于自立、自立能力和幼儿自立能力概念的界定。国内外关于自立的概念几乎都是与独立、自主、自由、自强等词相关联，很少有纯粹的概念界定。所有的相关说法通常指向在思考问题、处理事件等方面所表现出的独立性和成熟度。国外学者把自立看作是人发展的基本需要，我国当代学者心目中的自立概念是从独立性、主动性、过程性等方面进行界定。在对所有概念进行分析后，认为"从个体角度看自立就是以解决基本的生存与发展问题为目的、以'自我'为核心的涉及多种心理内容、多种特质以及个人活动各个领域的综合性与辩证性的人格因素，其既是人格特征也是人格过程"。而自立能力人们通常把它作为从能力因素方面来界定自立的一种方式。即自立能力与自立是通用的、可以相互替代的。关于幼儿自立能力,吴依瑾认为"幼儿的自立能力是指幼儿离开教师和家长的监护与指导,能够按自己的想法表达见解和解决问题,言语和行为方式逐渐形成较强的自制力、独立性和意志力的过程"。

2.关于自立、自立能力和幼儿自立能力的表现与结构。李利认为"自立的过程包括身体自立、行为自立、心理自立,和其他一些与社会任务相连的自立";李媛认为"大学生的自立可区分为身体自立、行动自立、心理自立、经济自立和社会自立五种";钟慧得出高中生的自立结构"可分为行为自立、心理自立、社会自立和经济自立四个维度";《九年义务教育小学思想品德课程标准(试行)》指出"生活自理、学习自觉、不依赖父母是自立自强的表现";潘月娟认为"学龄前孩子的自立主要表现在生活自理能力上,此外,幼儿能够做出自己的决定是自立的重要表现"。

3.关于自立、自立能力和幼儿自立能力培养的影响因素。自立精神在西方文化中尤为强调,但是关于自立能力培养的研究理论却不多。国外父母普遍重视从小培养孩子的适应能力和独立生存能力,他们认为父母的首要责任就是让孩子明白:一个人走向社会最终是要靠自己,靠自立自强,要对自己负责。所以他们会创造各种条件从婴幼儿时期就培养孩子的自立能力。在中国,自立作为一种优秀精神延续了上千年,但专门的自立能力培养研究起步却相对较晚。自立的影响因素,主要包括"内在因素、外在因素"。黄希庭是较早的将自立引入心理学研究领域的人,并对大学生的自立意识进行了实证研究。有学者认为个体本身就有自立的需要。傅惠文认为"影响小学生自立发展的环境因素主要是学校教育和家庭熏陶"。史珊珊认为"解除保护才能帮助孩子自立"。李媛认为"家长教育方式是影响自立的外部因素"。

综上所述,相关概念的研究廓清了自立能力所属范畴,明晰了其所具有的独立性、主动性和责任性等基本特性。影响因素和形成条件的研究使我们明确了自立是人自身成长的需要,自立能力的形成并不是先天就有或是一蹴而就的,幼儿期是发展的黄金期,其发展会受独立性、自我因素和身体条件等内部因素以及教育、社会条件和磨难等外部因素的影响。但同时我们也看到自立的相关研究相对较少,已有文献涉及的具体作法多、系统研究少。尤其对幼儿园阶段的关注更少,也没有相应的研究。结合自立特点和形成的条件,研究开发相关的课程、建立科学客观的评价指标体系就显得尤为迫切与必要。

(二)关键经验的相关文献

关键经验是美国HIGH/SCOPE学前教育课程内容的重要组成部分,它是对学前儿童一系列社会的、认知的和身体发展情况的描述。关键经验也是学前儿童在他们真实生活中应该出现的东西,也就是学前儿童正在做的事情。关键经验最初的含义就是指幼儿发展过程中必不可少的经验。另外,在HIGH/SCOPE课程中,关键经验同时具有教育目标的作用。"关键经验是课程设计者希望幼儿在活动中获得的、对达成教育目标至关重要的学习经验,是通向目标的桥梁。""对教师而言,它是一种提示物,指明应努力促使儿童获得的学习经验,同时,为教师观察、支持幼儿学习、为幼儿计划活动、评价早期教育实践的有效性提供了指南。"所以,有人把这种关键经验称为"二级目标"。

在考察关键经验特征时,不能忽视杜威的论述。杜威曾提出有教育价值的经验应该从两个方面来衡量:一是连续性,二是交互性。"经验的连续性原则意味着,每种经验既有从过去经验中采纳了某种东西,同时又以某种方式改变未来经验的性质。"综上所述,经验是一个整体,具有多样性和复杂性,它不是零碎的、混乱的、静止的,而是整体的、联系的、可积累的、分层次分领域的。

关键经验的内涵呈现了"儿童立场课程"的基本特点,尊重幼儿天性,强调经验和活动的价值,也正是教师由研究教材向研究幼儿发展转变的重要参考依据。

(三)教师支持策略的相关文献

有关于自立能力培养的支持策略研究较少,更多的是一种经验层面的总结与概括。我国老一辈的教育家蔡元培先生说,教育即培养孩子健全的人格。而健全人格的培养,应先从培养孩子的自立能力开始。陶行知编制了《自立歌》,他倡导逐步使孩子养成自立习惯,做能做的事,要求他们由小到大,由简单到复杂,由少到多,自己动手、边学边做,逐步减少对大人的依赖,从而养成自立的习惯。而现当代基本没有幼儿自立能力培养的研究成果。在国外自立能力作为一种文化传统而自然地渗透于家庭和学校教育中。

目前,在学前阶段研究一日生活环节活动开展的项目比较多,但采取一日生活环节四大情境,利用支架教学模式培养幼儿自立能力的研究尚未有成熟经验和成果。因此,在学前阶段利用适合幼儿发展的学习方式、学习内容和师幼互动方式培养幼儿的关键能力、核心素养势在必行。

四、研究设计

(一)研究问题与研究假设

1. 研究问题。

(1)通过学习自立能力培养的相关文献和《指南》,研究幼儿自立能力的本质与内涵。

(2)通过细化落实《指南》,梳理小、中、大班幼儿自立能力应获得的关键经验。

(3)通过设计观察表格,记录幼儿自立能力典型行为,研究幼儿自立能力的水平差异。

(4)通过实践,研究教师帮助幼儿提升自立能力的有效支持策略。

2. 研究假设。

(1)通过梳理幼儿一日生活各环节中的自立能力的关键经验,可以帮助教师了解不同年龄段幼儿自立能力应有的发展水平。

(2)通过梳理幼儿一日生活各环节中的自立能力发展的典型行为表现,可以帮助教师了解幼儿自立能力现有的发展水平。

(3)通过研究幼儿一日生活各环节中自立能力发展的支持策略,可以有效促进幼儿自立、自主和自控能力及幼儿主动性、责任性、独立性的发展。

(二)研究意义

1. 深入贯彻《指南》精神,立足对幼儿发展提出合理期望,有效支持幼儿学习与发展。《指南》以为幼儿后继学习和终身发展奠定良好素质基础为目的,以促进幼儿体、智、德、美各方面的协调发展为核心,提出各年龄段发展目标和建议,帮助教师和家长掌握幼儿学习发展的规律和特点,实施科学的保育和教育,让幼儿度过快乐而有意义的童年。

2. 一日生活环节中,深入贯彻《指南》遵循以下四个原则,使教师有目的、有计划的教育活动在幼儿发展中取得实效。关注幼儿学习与发展要切实关注幼儿学习与发展的整体性,注重领域整合、目标整合,促进幼儿身心全面协调发展;尊重幼儿发展的个体差异,特别是要尊重每个个体发展中的个别差异,能按照自己的速度和方式达到《指南》所呈现的"发展"阶梯;理解幼儿的学习方式和特点。珍视游戏和生活的独特价值,合理安排一日生活,最大限度地支持和满足幼儿直接感知、实际操作和亲身体验获得经验的需要;重视幼儿的学习品质,避免狭义地理解幼儿学习的内涵。注重活动过程中幼儿所表现出来的好奇心和学习兴趣,帮助幼儿养成积极主动、认真专注、不怕困难、敢于探究等良好学习品质。

3.幼儿自立能力培养的研究可以实现我园"培养健康人"的育人目标。我园在积极探索适合学前教育发展的有效途径上进行了大胆创新。实施文化管理,文化育人,将园所的教师与幼儿作为双主体进行精心培育;视幼儿园为"百花园",每个教师和幼儿被看作花园中的花草,需要尊重特性、特点进行自然生态培育。园所育人目标是"培养健康人",教育理念是"共同生活 共同成长",具体的内容是健康的习惯培养、健全的人格培养、能力的全面提升。园所办园理念与《指南》精神高度统一,关注生命成长,关注生活过程,因此研究过程也就是实现办园目标的过程。

4.幼儿自立能力的关键经验与支持策略研究可以实现我园教师专业化成长。我园在深化幼教改革,提升教师专业素养,研究幼儿发展等方面经历了一个飞跃阶段,特别是在上一轮区级规划课题"幼儿园图画书阅读的课程开发与研究"项目中,教师们从关注图画书阅读到关注幼儿兴趣,从关注教师给予到关注幼儿需求,从关注教学任务的完成到关注幼儿的身心发展。观念的转变使教师团队的研究氛围变得热情、深入,这样的师幼互动更加融洽;行为的转变使成人立场转为儿童立场,教育与生活、生命与成长的融合、渗透成为我园研究的主导方向。

(三)研究方法

1.文献法。利用文献法,帮助教师理清关于幼儿自立能力的概念界定、幼儿发展关键经验的指向和作用以及教师支持策略对幼儿发展的重要意义和实施方式。

2.观察法。利用观察法,帮助教师记录幼儿真实表现,通过统计了解不同年龄班幼儿自立能力的发展水平。

(四)研究对象

1. 一日生活环节中,小、中、大班全体幼儿的关键经验和自立能力。
2. 一日生活环节中,小、中、大班全体教师的支持策略。

五、研究结果与分析

(一)幼儿自立能力的本质与内涵

幼儿自立能力是幼儿在一日生活中习得的综合能力,本阶段幼儿一日生活环节中的自立能力包括生活自理、做事自主、行为情绪自控的能力;自立能力培养可以帮助幼儿养成良好习惯、学会生活技能和形成积极交往、主动探索的学习品质;可以帮助幼儿在主动体验探索过程中,形成自我意识、规则意识、合作交往意识和独立意识等。

针对自立能力的本质与内涵,做了双向对接:一是园本生活课程与我园"培养健康人"的办园目标进行对接,并梳理了育人使命,即:好习惯能自立;好品行善交往;好学习爱思考。二是与教师实践进行对接,梳理了自立能力培养在意识、能力、培养重点、典型行为表现以及生活环节情境中的相关内容等,帮助教师清晰了研究脉络、重要研究点。

崇幼园本生活课程实施的基本思路:秉承以人为本、终身学习的可持续发展理念,重塑园所"儿童乐园、人才摇篮、生命花园"的教育愿景,落实"崇文尚善 静水深流"的办园理念,以"培养有文化底蕴、国际视野的健康人"为育人目标,依据"依法办园—理念保障引领文化立园—追寻教育本真、课程兴园—促进内涵发展"办学方略,通过践行"共同生活、共促成长、共同发展"的教育理念,逐一展开实践脉络,使幼儿具有"好习惯能自立、好品行善交往、好学习爱思考"的核心素养:一是"自理",培养幼儿自我保护意识,使其具有生活的独立性。主要能力体现在生活与卫生习惯、生活自理能力、安全与自我保护能力。培养重点:以幼儿生活能力与生活习惯培养为重点,在自我意识的养成中建立自信。典型行为表现是:具有独立的进餐、饮水、午睡、盥洗等生活能力;具有良好的生活起居的卫生习惯;具有基本的生活安全常识和自我保护能力,会躲避危险。实施策略为:生活情境、主题活动、游戏活动。二是"自主",培养幼儿自主意识,具有活动的主动性。主要体现在幼儿积极主动思考,认真专注行动;敢于探究解决,乐于想象创造;具有问题解决能力。培养重点:以幼儿独立做事和问题解决能力培养为重点,在自主意识养成中建立自信。典型表现:具有初步问题解决的意识与能力;具有积极思考的学习习惯;具有活动探究的专注品质;具有活动过程中自信的表达表现。实施策略为:主题活动、游戏活动、节日教育活动等。三是"自控",培养幼儿规则意识,具有诚实守信的责任感。主要能力体现为自我情绪与行为的调节能力。培养重点:以幼儿良好社会适应性为重点,在责任意识养成中建立自信。典型行为表现:具有与同伴友好相处的能力;具有遵守约定,按照基本的规范进行合作、交往的能力;具有初步的责任意识,对自己的决定承担相应的责任。实施策略为:生活情境、主题活动、游戏活动、节日教育活动等。

(二)生活环节中幼儿自立能力关键经验

明晰幼儿生活环节发展目标,梳理一日生活环节中幼儿自立能力的关键经验。

一日生活环节的总目标是:①能够情绪稳定、愉悦完成生活环节,学会友好相处,养成礼貌交往的习惯,学会轮流、等待(主要表现为自控能力和规则意识的养成);②能有序地做力所能及的事情,养成服务自己、服务他人的好习惯(主要是生活自理能力和自我意识的养成);③学会自主选择,尝试用自己的方法解决问题(主要是自主阅读、自主决策能力和独立意识的养成);④养成良好的卫生习惯,提高自我防病意识与能力;⑤了解必要的安全知识,提高自我安全保护意识和能力(小中大班生活环节具体目标略)。

为了便于教师在实践中具体操作,将生活环节细分为四大情境:来园与离园、进餐与加餐、盥洗与如厕、午睡。在四大生活情境下,逐层逐级制定幼儿整体发展目标,不同年龄班幼儿有不同能力水平的发展目标。幼儿生活环节中四大情境目标的制定与分解,帮助教师清晰其内容是什么,幼儿获得的关键经验有哪些,不同学期应该把握幼儿发展的程度水平应该是什么。教师在研究过程中认识到幼儿的发展需要精细化、精准化,教师的关注点由重视教育教学转向了幼儿保育与保健,对保教结合的认识从关注活动内容与形式转向了关注幼儿的实际发展。

(三)幼儿自立能力水平差异研究

首先,通过五个环节展开、实施,不同内容遵循相应要求,从而落实形成相关文件资料。一是观察,以尊重真实为要求,记录幼儿日常行为表现,形成原始资料收集与记录。二是汇总,按照环节整理内容,并对内容进行统计与归类,记录成册。三是制定生活常规与要求,要体现不同年龄班幼儿发展特点,及细微环节的具体要求,形成生活环节常规内容与要求(小、中、大班)的文本资料。四是完善生活常规与要求,进一步验证与修改,形成调整后的生活环节常规内容与要求。五是实践,落实常规的适宜支持策略,通过观察、积累、收集生活常规支持策略,形成生活小主题、观察记录、照片故事、生活案例等相关文件资料。课题研究实效的关键是基于幼儿实际表现的改变,收集真实的信息和资料能帮助教师有的放矢地研究幼儿发展,并提供有效支持的依据。确定信息收集路径,帮助教师建立基本的科学研究思维框架。

其次,针对收集的相关资料进行分析。通过一学年对幼儿的行为表现的观察,清晰地看出幼儿的发展变化,主要体现在以下几个方面:幼儿情绪稳定,能主动礼貌地打招呼,用自己的方式表达友好;幼儿能有序地整理自己的物品,幼儿照顾自己、服务自己的能力得到很大提高。

(四)教师支持幼儿自立能力发展的有效策略

教师支持小、中、大班幼儿自立能力发展的有效策略主要有绘本故事、情境游戏、主题活动、示范讲解等方式,帮助幼儿在生活环节中主动学习,提升动手能力、思维能力、交往能力和表达能力。依据四大情境,梳理教师支持策略,有指导语、儿歌、故事、绘本、教师案例、教师课例等。其次,通过数据统计可以看出,小、中、大班幼儿在生活环节中的发展点和教师关注点的不同,需要教师提供的支持策略与幼儿的发展重点相匹配。另外,教师支持策略案例也体现了幼儿发展需要、教师对幼儿学习方式的尊重和过程中的有效互动,促进幼儿独立性、主动性和责任性的提高。

"幼儿自立能力关键经验与支持策略"课题的实验,使幼儿在生活环节中自立能力明显提高,主要表现为自己的事情能够自己做,自己遇到的问题能够自己想办法解决等。比如,小班幼儿如厕后整理衣服时能主动掖裤子;中班幼儿能主动地做值日生,按要求完成值日生的"工作";大班幼儿能有意识地按时来园、顺时做事,能自觉、自主安排自己的"工作"。经教师一学年前后两次观察、统计分析,每名幼儿行为能力比学年初提高30%。

六、讨论

(一)本研究方法的科学性

本研究针对观察法概念的界定,以真实观察、记录幼儿日常实际表现为依据,了解幼儿实际发展水平,分析原因、提供策略支持,以观察案例的方式呈现了师幼互动过程。针对文献法的概念界定,我们对自立能力研究的有关文献进行了学习、分析、整理,找到了适合本园的依据和研究方向,以文献综述的方式呈现研究的前期理论准备。针对叙事法的概念界定,教师利用故事教育案例、主题活动案例呈现研究过程。不同阶段研究使用了不同研究方法,体现了本研究方法运用的科学性。

(二)课题研究成果的可靠性

由于研究方法适宜有效,帮助教师对"幼儿生活环节自立能力的关键经验和支持策略研究"的理性认识更加深刻,针对幼儿生活自立问题在课堂实践中逐步探索,形成了我园生活课程的全部成果;同时在研究过程中体现了"小问题大生长、小程序大循环"的特点,体现了研究成果的可靠性。

(三)研究成果的价值

研究成果的价值体现在以下五个方面。

1.幼儿在实践研究中获得了不同水平的发展:教师在实践中针对班级共性特点进行了研究与支持,同时对个体差异和不同水平的幼儿提供了个性化的支持与帮助,使得全班每一个幼儿都获得发展。

2.教师在实践研究中转变了观念,明确了生活课程的内涵;了解了生活环节内容、常规要求及关键经验;建构了"为什么、是什么、怎么办"的思维模式,总结了"三点合一"(即幼儿的发展点、教师的关注点、家长的参与点)促幼儿整体发展的实施思路;在行为上,注重观察、关注幼儿,给幼儿等待的时间;注重引导,把已知变未知,给幼儿思考的空间;注重实践,丰富内容与材料,给幼儿体验的机会;注重反思,梳理方法路径,给幼儿拓展的机会。教师认识到了自己是幼儿学习的支持者、引导者,因此自身角色、方法以及师幼互动的关系发生了根本性的改变。教师从关注教学内容的完成转向了关注幼儿实际有效发展;从关注单元分割转向幼儿整体性、整合性发展的策略运用;从关注宏观内容的完成转向幼儿细节、细微之处的成长变化。以上观念行为的变化,体现了对幼儿发展规律的遵循,对幼儿年龄特点的尊重。

3.园所管理者与教师重点梳理两对关系,使办园目标达成和促进幼儿与教师成长成为一体。即办园理念与生活课程的关系;生活课程与幼儿自立能力培养的关系。同时,改变了助力教师发展的方式,主要体现在给思路支持,给做法建议,给思想定位,给思维空间,让教师做实践决策的领导者。例如:通过培训学习转思想—尝试构建转思维—讨论交流转思路的方式,帮助教师清晰主题活动为什么做、怎么做才能促进幼儿主动健康成长、促进师幼共同成长。与教师一起梳理主题开展的思路图,清晰教师、幼儿和家长在活动中需要关注的内容;梳理活动,师幼互动过程中,强化教师支持幼儿在思考—计划—实践—分享—展示等环节中获得主动发展。

4.家园共育工作得到了有效改进。首先,明确了师幼与家长的关系——教师助力家长,家长助力孩子发展的关系;其次,在观念与方法上助力——通过过程研究,帮助家长获得了解、认识、陪伴、助力幼儿发展的有效方法,亲子关系得到了有效改进,特别是家长的心静了,心专了,心平了。

5.对同行的积极影响。课题研究让我们在原有实践认识、实践方式上有了诸多的改变,形成了一些鲜活案例和实践经验。多次与国内其他省市幼儿园园长和老师们分享课题成果,获得了肯定和好评。

(四)目前研究的局限性

1.教师理论学习需要进一步加强,针对幼儿的实际表现还不能准确分析其影响因素,提供更有针对性的支持。

2.教师与幼儿新型关系的构建还需进一步优化。特别是在细节落实上,优势又回到了传统互动方式上。

(五)进一步的研究建议

1.教师设计方案的思路需要进一步强化,特别是在逻辑关系的梳理方面需要强化。

2.对本阶段研究需要进一步深化推进。

3.研究进程可以进入到第二阶段。

七、结论

(一)本阶段研究解决的问题

1.清晰了生活环节中幼儿自立能力关键经验与支持策略研究的相关概念界定。如:幼儿自立能力的内涵;幼儿关键经验;教师支持策略等。

2.明确了幼儿一日生活环节自立能力发展的内容与要点,通过明确发展目标,帮助教师了解不同年龄班幼儿在生活环节中应该具备的发展水平。

3.通过日常典型行为表现的记录、统计、分析,了解到每一名幼儿发展的现有水平和差异,为教师读懂幼儿,支持幼儿发展提供了实践依据。

4.教师提供的支持策略促进了幼儿自立能力发展。同时幼儿参与活动的自主性、独立性和责任性有了较大提升,礼貌习惯、卫生安全习惯、生活自理习惯、阅读习惯得到了很好的养成。主要表现在:各年龄班幼儿知道自己该做的事,并能有序适应不依赖他人做好自己该做的事。

(二)研究结果实现了原来的假设

本阶段研究成果说明了研究方案设计合理,能帮助教师系统完成此阶段研究。其次,说明教师围绕幼儿发展过程的真问题开展了真实践,使教师能有观念、做法上的改进与完善,为充分理解、尊重幼儿完成了感性认识到理性思考的飞跃。另外,管理者对教师基于现场对话及行动的研究——思路支持、建议支持、思想定位的引导方式,能有效提升教师专业发展水平,帮助教师打通理论向实践转化,实践向理论提升的思考路径。本阶段研究实现了原来的假设。

(三)指出进一步要研究的问题

对生活环节中幼儿自立能力关键经验与支持策略研究需要进一步深化和实践验证。

八、存在的问题与后续的研究

(一)存在问题

1.新教师参与课题研究,实践经验不足,直接参与课题研究,会使研究进程迟缓。

2.已有研究成果资料体系需要统一。

(二)后续研究

1.进一步研究个性化支持策略对幼儿发展的有效性。

2.主题活动与传统节日活动中的关键经验与支持策略的研究。

第二节 让孩子成为更好的自己

崇文幼儿园是一本需要用心解读的书,走近她、品读她,"培养健康人"的办园理念已经渗透到了园所的每个角落。以身健、心健、行健为培养目标,教师们尝试着"三自"教育、跨校交流、混龄教育、医教结合等课题研究。"教师围着幼儿转,干部围着教师转。"理念的转变带来的是教师行为的转变,园所也迎来了很多新突破和新发展。

崇文幼儿园教育实践研究系列报道

小班、中班和大班幼儿的年龄段不同,特点和需求也不同。基于此,崇文幼儿园提出了"三自"教育,在小班推行"自理"教育,中班推行"自立"教育,大班推行"自主"教育。

唱儿歌做游戏 学自理

为了缓解入园时孩子和家长"难舍难分",亲、子双方一起焦虑的现象,崇文幼儿园在"自理"教育基础上,推出了"新生入园亲子体验周""独立半日体验""在园午睡体验"三大措施,帮助幼儿逐步适应幼儿园的生活与环境。

由于家庭教育的效果不一样,小班孩子在入园时的自理能力也有差异,有的孩子连勺子都不会用。因此,小班常规教育就从吃饭、穿衣这些简单的事情做起,培养孩子的自理能力。

老师们还把穿衣服编成儿歌,带着孩子们边说边做。类似的很多生活能力还被渗透进小游戏里,再传授给孩子们。除此之外,他们还通过"我的小手真能干"等主题活动,帮助孩子树立独立做事的自信心。

除了儿歌、游戏等形式,幼儿园还从环境创设着手,如把洗手方法贴在盥洗盆上方的镜子上等,让环境也能影响到孩子的能力发展。"小班教育是生活化的教育。我们除了鼓励孩子,也积极与家长沟通,让他们以培养孩子生活能力为重点,积极配合园里教育。"林徽老师补充说。

以孩子喜欢的方式达到教育的目标,这无疑是一个个生动的互动和体验过程。

独立解决问题 学自立

中班幼儿以培养孩子"自立"为主,老师们在原有的习惯培养的基础上,为幼儿建立起了"目标化"的活动区,多角度促进孩子的自立成长。秋游采摘前,老师会让孩子通过绘画制订自己的秋游计划,并把计划拿回家跟家长互动,和家长一起了解秋游应该做好哪些准备;平时,老师还与孩子们商定值日时间,让幼儿自己选择力所能及的事情,为他人、集体出一分力量;中班幼儿开始用筷子了,老师们就通过夹豆子游戏,帮助孩子建立对筷子的兴趣,练习"动作要领"……幼儿园努力让每次教育都走进孩子的生活里。

在教学中,老师会有意识地引导孩子发现问题,并让他们独立去解决。如果自己解决不了,就把问题讲出来和大家一块想办法。幼儿园也为孩子们创设了很多展示自我的平台,通过亲子活动、联欢会等形式,培养孩子的主动性,以及动手、动脑能力和表达能力。沈丽君老师对孩子们的变化感触特别深:"在中班第二学期,孩子们的同伴互助意识有了明显提升,有的孩子回到家里还会帮助家长摆碗筷,家长们的反馈特别好。"

管时间管物品 学自主

因为涉及与小学的衔接,崇文幼儿园在大班的"自主"教育中,更加注重培养幼儿的自主学习能力和自我管理能力。值得一提的是对幼儿自我管理能力的培养,主要通过物品管理和时间管理两个层面来实施。在崇文幼儿园,大班孩子每人的书包和笔袋里都会各有一张提示卡,有了这张"物品清单",笔袋里都有什么文具,书包里都放了哪些物品及其所放位置就一目了然了。"要让孩子们对周围的环境眼中有序,对自己的物品心中有数,学会合理摆放自己的物品。"郑健老师一语道破了培养目标。

培养孩子自理、自立和自主能力的过程,也是丰盈幼儿生命的过程。通过科研带动,崇文幼儿园把每个学段应该聚焦的培养目标进一步具体化,使"培养健康习惯,培养健康人格,培养全面能力"的教育理念进一步落实到各学段中。"让每个孩子都获得生动的体验,将来成为更好的自己"。

小班幼儿睡眠习惯培养的支持策略

对于刚刚入园的小班幼儿来说,午睡环节是个十分焦虑的环节。为了让幼儿顺利适应幼儿园生活,教师采取了多种方法帮助幼儿过渡,解决新环境、新作息、新陪伴过程中的种种不适。

首先,向家长调研幼儿午睡情况,做到心中有谱。通过家访和问卷调研两种方法,得知幼儿在家午睡的基本情况是需要成人的陪伴,基本能保证有固定的午睡时间,需要依恋物的陪伴。

根据28份"新生家访基本情况调查表"反馈的调查信息,我们发现有固定时间午睡的幼儿是16人,占班级总人数的57%。无固定时间午睡幼儿是12人,占班级总人数的43%。其中能独立入睡幼儿是10人,占班级总人数的36%。不能独立入睡幼儿是18人,占班级总人数的64%。由此可以看出在入园前期,班级大多数幼儿还是有固定午睡时间的,只是自主午睡的能力不足。多需要成人或依恋物的陪伴才可入睡。其中午睡需要依恋物的幼儿是3人,占班级总人数的11%。而在自理能力方面,午睡前后能够自己脱穿衣服的幼儿只有9人,占班级总人数的32%。根据数据统计,我们将在阶梯式入园体验的过程中,逐渐渗透帮助幼儿养成良好午睡习惯并培养简单的自理能力。

其次,开展集体教育活动,做到兴趣导引。教师带领全体幼儿通过认识小床、挑选小床、躺躺小床等系列活动,让幼儿亲近小床,产生熟悉感;通过儿歌教学《甜甜的梦》、故事教学《小熊打哈欠》以及教师准备神奇的礼物等系列活动,让幼儿了解午睡是个好玩的事、神奇的事,从而减少恐惧感。另外,陪伴睡眠困难的个别幼儿，做到心中有数。与家长建立密切的共育关系，帮助幼儿解决入睡困难。

　　幼儿午睡习惯养成是一个改变、成长、陪伴的过程，是幼儿突破自己面对新生活的转变过程。它需要家园共同携手，帮助幼儿解决心理上、作息上、技能上等多方面的困难，才能让幼儿在午睡环节安然、顺利、平稳度过。

第三章 衔接教育的实践研究

"衔接"顾名思义是事物首尾连接。衔接教育是前后两个阶段要相互连接的教育活动。5年来,我园积极开展"幼儿为本"的衔接教育实践研究,以终身教育、开放教育、合作教育、发展适宜性教育、生态教育思想为指导,遵循幼儿发展规律和教育规律,立足实践,在一日生活中研究幼儿的需要、困难、问题解决以及教师有效支持,使师幼互动过程成为幼儿真实的生活形态,帮助幼儿解决不适应的问题。

第一节 入口衔接

入口衔接是指新生入园过程中的工作衔接,主要解决的是幼儿发展中,家庭教育和幼儿园教育在理念、内容、形式、方法、评价等方面的不同而引发的困惑、困难或问题。新生入园的不适应主要表现在幼儿的哭闹、身体上的不适,随之而来的是家长的焦虑、不理解,教师的苦口婆心、身心俱疲、没有职业幸福感的体验。分析其原因,多是因为家长和幼儿对园所环境的不了解、对幼儿园生活内容曲解以及教师对每个幼儿家庭环境对幼儿的影响和幼儿的个性特点不了解造成的。为此,我们从教育观念、教育内容、教育方式、方法以及教育评价等方面做了调试,使教育服务适应、支持幼儿的发展,入园适应性得到有效解决。

一、明确目标，达成共识，真正把支持幼儿发展放到首位

明确此阶段的教育目标是教师支持幼儿尽快完成由家庭到幼儿园集体生活的过渡，由家庭看护人到教师看护人的过渡，以及教师陪伴到幼儿自己独立做事的过渡等。让幼儿体会到教师陪伴的安全与自我成长的快乐。家园携手共育，相互理解、支持、帮助、转化、完善是做好入口衔接的重要外力。

二、环节前移，做好各项工作调研，真正把研究幼儿的理念渗透在每一个细节中

调研、宣教工作贯穿于幼儿入园面试—新生幼儿家访—新生第一次家长会—新生第一个月的入园适应等全过程。如：入园访谈策略中，我们以陪护幼儿最重要的监护人和养护人为对象，针对教育理念、教养方式等做了调研。具体内容如下。

（一）监护人访谈

目的是了解监护人对幼儿培养的想法与做法，以形成家长对幼儿园办园理念的认同。2014年7月管理者面向57名新生家长采取抽样访谈的方式，访谈46人，占总人数80%。以"您为什么选择崇文幼儿园、您怎样看待孩子的教育、您期望孩子未来是什么样"为题进行访谈并统计数据。分析如下：①在选择园所上：选择离家近、方便；选择整体环境、知名度，说明对幼儿园表象有感官上认知；选择师资、服务质量，说明对幼儿园有一定的了解，对幼儿今后发展有一定要求。问卷数据显示：家园之间缺乏相互了解。②在看待孩子教育上：从数据中我们欣喜地发现家长价值观、教育观有了很大的转变，由原来重知识、技能转到关注幼儿的身心健康、能力、习惯等，说明家长注重幼儿的长远发展。数据显示：部分家长对幼儿发展的全面性和整体性认知不足。③在对待幼儿发展上：50%的家长注重幼儿未来的身心健康、31%尊重幼儿自然成长规律，说明对幼儿发展的期待是理性的，认识到健康的生活状态、生活品质决定生存的质量；23%的家长注重幼儿能力，认识到能力对生存的意义；只有6%的家长有明确职业定位，对幼儿发展缺乏科学的认识。

（二）养护人访谈

目的是了解养护人的带养方式和内容，在教育内容与方式上求得一致。同年7月管理者向57名新生家长采取抽样访谈的方式，访谈人数27人，占总人

数47%；以"您是怎样安排幼儿一日生活的、您最关注的是什么、您在带养孩子过程中与父母有分歧时会怎么做"为题进行访谈并统计数据,分析如下：①66%的家庭是老人带养孩子,他们教育观念、内容、行为方式对幼儿发展影响最大；一日生活的内容随意性大,缺乏目的性,处于"散养"看护状态。②在带养孩子过程中没有特别大分歧,能从对方的角度考虑,说明家庭比较和睦。③看护人关注的是幼儿吃、喝、玩以及安全健康,对幼儿发展与品质的形成及身心健康不够关注。

双访让我们看到监护人和看护人教育理念、对教育的态度有一定差距,为此我们开展"家园互动,'助力'走好人生第一步"的新生家长会,用调研数据分析家庭教育中的状况及对幼儿发展的影响,用数据解读幼儿园是什么？崇幼为孩子们做什么？家长付出为什么？家长配合有什么？将文化办园"培养健康人"的目标、课程理念、幼儿"三培养"（健康人格、能力、习惯）、"三自"培养（小班自理、中班自立、大班自主）等教育实施途径与双访调研数据分析结合起来,从而引起家长的共鸣与认同,实现价值观的引领。

家访中以"两看"——看孩子、看环境,来获取幼儿发展水平和家庭生活、教育环境的信息。开学前,对新生57人中的51名进行家访,其中男孩29人、女孩22人,家访率89%。班级教师和保健医共同走进家庭,有效完成家访工作。班级教师各有分工,如：班长教师负责与家长沟通访谈,具体内容是了解幼儿的喜好（食物、运动方式、生活习惯、自理能力、阅读习惯等）,了解家长的需求,如：希望幼儿园给予孩子什么样的感觉？希望班级环境是什么样的？希望教师关注孩子哪些方面？并渗透班级文化、班级教师的教育风格等。带班教师负责观察幼儿,具体内容：教师和幼儿共玩他们最喜欢的玩具（看发展水平、习惯）；玩中相互介绍、玩中发现有意思的情节让幼儿表达（了解口语表达能力）；讲他们喜欢的图书（专注力、收取习惯）；交流：你喜欢上幼儿园吗？为什么？你想到幼儿园做什么？（了解想法）；看他们本领——唱歌、跳舞、说儿歌等（交往能力、性格与兴趣等）。保育教师负责观察家庭环境与布局,其主要内容是看空间（居住空间、幼儿游戏空间）；看教育环境（幼儿玩具、书籍及操作材料的丰富与适合）；看生活环境（物品摆放、干净整洁度、室内光线等）；看人文环境（家庭成员之间的互动、家庭成员与教师互动中感受等）。保健教师负责宣讲幼儿园的饮食结构、防病措施及保健制度,消除了新生家长在幼儿健康状况、饮食、睡眠等诸多方面的入园顾虑,向家长介绍幼儿园通过日常消毒、开窗通风、增加幼儿户外活动量等提高幼儿自身免疫力,减少幼儿生病的次数。从幼儿饮食方面针对蔬菜、菌类、海鲜类食物不受欢迎,园所在制作上做得小且软又烂,让幼儿能够达到膳食均衡。从保健制度方面向家长重点提示幼儿出现发热、离开北京等情况,需在家隔离7天,避免幼儿交叉感染,造成传染病的暴发。为家长配合保健工作打下良好的基础,为幼儿入园做好卫生保健准备。对幼儿行为的观察与记录。多角度、全方位了解每一个家庭,获得大量的感性信息。与家长的沟通访谈,缩小了彼此的心理距离。与幼儿玩耍,消除师幼间的陌生感,建立依恋的关系;同时玩给孩子留下美好的印记,让幼儿难忘,也会让幼儿更加期待。

1. 从家长需求看。主要关注的是幼儿的吃喝拉睡等生活自理能力的培养,其次是加强家园沟通和使幼儿情绪稳定快乐。

2. 从幼儿发展看。多数家长没有提示幼儿按原位置收放好玩具、物品、图书;幼儿对自己的玩具都很喜欢,玩时注意力较集中;图书数量很多,多为认知类、故事类;玩具种类较丰富但大多是高结构玩具(男孩小汽车;女孩毛绒玩具),低结构玩具非常少,教师带来的低结构拼插、拼图等益智类玩具,幼儿基本不爱玩、不会玩。

3. 从家庭环境看。无论家庭空间大小,多数家庭环境干净整洁,交流中幼儿与家人的关系平等和谐,家长主动引导幼儿与教师一起玩,及时肯定好的行为并进行礼貌教育等。家访中捕捉、反馈、加工信息需要团队的分工与合作,信息作为资源能让我们的教学模式与内容发生改变,从而让教育更加适合幼儿。

有效的调查问卷,既能帮助教师建构新生入园适应的课程,也能帮助家长梳理幼儿整体发展脉络,对幼儿入园前的发展状况有清晰的认知。如:生活能力与习惯的调查:饮水量大约每次100毫升、200毫升、300毫升;饮水类别包括自制果汁、白开水、饮料等;饮水方式是用水杯喝、水壶喝、奶瓶喝等。进餐中幼儿的进餐量:很好、较好、有时不好、比较少。进餐能力:会使用小勺进餐;家长有时喂餐;不会使用小勺进餐。进餐习惯:坐在固定位置进餐,不玩;有时不愿坐着吃;不坐在固定位置,边吃边玩。

充分调研,环节前移,让教师对家长的想法、需求、教养方式和幼儿现有发展水平、个性特点以及家庭环境特点有了清晰的了解,为入口衔接实践做好了各项准备。

三、遵循规律,顺应发展,助力幼儿走好人生第一步

"顺应幼儿发展的阶梯式入园策略"是以时间和幼儿需要为横纵坐标的活动体系,是教师帮助幼儿逐步适应幼儿园生活,促进其主动、健康发展的积极策略;是帮助家长克服焦虑,引导家长了解幼儿园生活的真实样态以及助力幼儿顺利过渡的有效策略。

(一)方案的策划

在阶梯式入园的方案策划中,从幼儿来园时间、参与内容、活动形式、家长配合等方面进行了调整。一是将入园适应期定为一个月,分为四周,每周的时间有所递进,从第一周每天2小时到第四周每天9小时帮助幼儿在来园时间与环境上适应。二是从活动目的上看,先解决"玩"的问题,次之解决"吃"的问题,再解决"睡"的问题,最后解决"全天适应"问题;三是从活动形式上看,先亲子、再小组,最后是集体活动;四是活动内容和具体策略的多样性和丰富性也体现了贴近幼儿实际、追随幼儿发展,满足家长了解的需要等特点。

(二)实践方法

教师秉承"共同生活、共促成长、共享发展"的理念与幼儿积极互动,不留痕迹地与幼儿一起生活,体现师生生命的灵动与温暖。

一是顺应幼儿经验的调整:依据家庭调研的结果,教师在设计班级环境时,改变教室布置的格局与装饰,教室中呈现"家"的痕迹比较多。依据幼儿在家户外活动时间长,来园后作息时间上延长户外活动时间,其他活动时间是以幼儿参与的情况而定;"亲子活动周"以提供低结构玩具为主,引导家长与幼儿共玩,体验低结构玩具带来的乐趣。孩子们松开家长的手自己走着,看看这、摸摸那,仿佛一切都在吸引着孩子们。这时家长们看着孩子们的行为露出欣喜的笑容,有的上前帮助孩子一起做,有的指挥着孩子做,这样的状态三天后发生了变化。在老师的引导下,家长开始试着与幼儿保持距离,从离开1米到10米,尝试着让幼儿自己做事情——挂毛巾、放水杯、做游戏等。第四天孩子们自己走进教室,家长在外面稍等孩子做完自己的事情再进来,孩子们用了6分钟有序地完成洗手、挂毛巾、放水杯。第五天孩子们只用4分钟做完自己的事情。看到孩子们

自理能力变强，老师和家长都欣慰地微笑着，"孩子，你能行"！在"独立半日适应周"让幼儿把自己喜欢的玩具带到幼儿园，增加了玩具量，通过"一起玩、换着玩"给每个孩子展示、交流玩法的机会，增加幼儿之间交往能力。进餐环节是幼儿独立来园适应的重点环节，幼儿第一次在幼儿园进餐，通过老师的观察发现，班中共25名幼儿，只有5名幼儿能独立进餐，11名幼儿吃得满身、满桌掉饭菜，6名幼儿等待老师喂才肯吃，3名幼儿根本就不吃。面对这样的状态，教师通过绘本《牛牛的美餐》《肚子里的火车站》激发幼儿吃饭的兴趣，养成健康进餐的好习惯。同时每日与家长沟通幼儿进餐情况，得到家长的大力支持，家长通过在家引导、制作与幼儿园相符的菜品，让幼儿逐步适应幼儿园的饮食。这一做法经过两周的实验，进餐情况有了大大的好转，班级全部幼儿都能自己吃饭，尤其原来一口都不吃的小朋友，现在在老师的引导下也开始自己吃了。

　　幼儿独立午睡是最困难的一步，在"独立睡眠适应周"，每当午睡前老师一放小床，孩子们就会不停地询问老师："是要睡觉吗？我不想睡。"一提到午睡大部分孩子就会出现紧张情绪。如何让幼儿顺利适应这一环节呢？教师把幼儿午睡的情绪波动作为班级重点研究点，分析记录每位幼儿的特点，制定相应的措施，坚持每日观察，记录幼儿入睡时间；教师运用了多种方式支持幼儿养成良好的午睡习惯，让幼儿用"试试""亲亲""躺躺"的心态、带上睡觉的依恋物去体验；为幼儿提供小玩偶，减缓幼儿焦虑。同时还采取适宜的教育策略，利用集体活动，借助绘本故事《小熊的大哈欠》，用游戏形式送给小朋友一个大大的哈欠，督促幼儿安稳躺好快速入眠。利用睡前教师讲故事的形式，减缓一些幼儿躺在小床上的不安全感。通过与幼儿谈话，了解孩子喜欢什么，为其制作属于他自己的神秘小礼物，并悄悄地藏于枕下。经过一周的时间进行观察记录，第一天和第二天入睡率83.3%，第三天达到100%，第四天85.7%，第五天94.4%，从数据统计上看孩子们有了很大的进步，幼儿情绪态度有了转变——从放床就哭过渡到能躺在小床上休息，随之逐渐能自己独立入睡。每天与家长微信沟通幼儿午睡情况，得到家长的高度肯定——有心有爱，细致入微。还有的家长效仿教师行为，同步与幼儿沟通，尝试以小礼物形式鼓励幼儿晚间也按时入睡，形成良好的入睡习惯。

顺应幼儿习惯所进行的调整,让幼儿在轻松的环境中自然感受着幼儿园的集体生活,接纳着新环境、新伙伴、新活动给自我成长带来的乐趣;让家长深刻体会幼儿园教育的全部,包括教育内容、教育方式、教师的专业帮助;让教师的活动组织更加自主、自然,对幼儿发展的细节更加关注了。

二是满足安全归属的需求:"亲子活动周"中,家长的任务是知过程、陪着玩,从与幼儿近坐一起玩,到远坐让幼儿自己玩,最后离开座位关注幼儿玩,满足幼儿心理安全需要;活动中喝水、如厕、盥洗,家长从引导幼儿知道、适当帮助到自己尝试,让幼儿经历熟悉环境的过程,逐渐向幼儿园有规律的作息生活靠拢,建立归属感。在"独立半日适应周",教师要关注自理能力,适时帮助、适当包办代替、放慢让幼儿学会的脚步。满足幼儿安全归属的需求,让幼儿体会到自己可以继续得到成人的帮助;让家长体会到成人适时的"放手"是对幼儿能力发展的助力;让教师体会到活动过程中"适时等待"是幼儿主动发展的重要手段。

三是共享幼儿成长的经历:教师利用微信、邮箱、飞信等发布教育内容、自理学习体验的方法。呈现幼儿活动情景的照片,传达幼儿学习体验的过程,记录师幼互动的瞬间。在家中,孩子透过照片和家长共享亲历的过程。家长依据照片、感悟,将初入园的每一个第一次记录下来,形成追随幼儿的《成长刊张》。在园里,教师与幼儿一起分享家长提供幼儿自理的照片故事。共享互动墙饰"我知道—我会了—我笑了",欣赏每个人的成长足迹。教师与孩子们在舒缓的钢琴曲伴奏中自由游戏,师幼亲切对话,听教师讲故事,幼儿感受到了环境的温暖。共享幼儿成长经历,让幼儿体会和大家在一起的活动情境;让家长体会家园互动对幼儿发展的促进;让教师体会教育支持的全过程。

(三)实践效果

1.幼儿方面。90%幼儿能够情绪稳定入园;"亲子活动周"57名新生中仅1名哭闹;"独立半日适应周"有6名有短暂的哭闹,三天后适应;"独立睡眠适应周"有7名入睡前哭闹,四天后基本适应。小班新生九月出勤率为88%。

2.教师方面。调整入园节奏、安排,师生情绪良好,幼儿情绪稳定让教师的疲惫得到缓解;行政教师基本不用帮班;师幼、家园分享的是生活的故事,情感的注入让教师感受职业的幸福。

3.家长方面：从入园到离园感受着孩子稳定的情绪、有序的班级管理，看到孩子在与教师互动中的成长、发现孩子的变化，家长感受的是教师的敬业与专业。

新生入园适应是幼儿整体发展的一个过程，是幼儿从家庭生活走向集体生活的一个重要社会化过程。通过挖掘入口衔接过程中每个时段的要素，将影响新生入园适应的主体、教育、生活等有机整合，让教育干预的策略和方法走进幼儿生活、贴近幼儿经验，顺应幼儿发展需要和进程是促进幼儿主动健康发展的关键所在。

第二节 出口衔接

出口衔接是幼儿即将进入小学生活的工作衔接。此阶段的主要问题：一是家长期待幼儿提前学习小学知识，提前像小学生那样生活就可以帮助幼儿适应；二是幼儿园坚守学前教育的任务，教师对小学生的生活能力、习惯需要不了解，无法给幼儿有效支持与帮助。主要表现是家长的恐慌心理和趋同心理比较严重，大班幼儿离园人数较多，特别是第二学期，教师对家长的培养指导显得"毫无意义"。幼儿园出口衔接工作停留在幼儿小学生学习愿望的启发与猜想、小学校生活环境的参观与体验上，外在的感受与体验虽为幼儿做了感知上的准备，但升入小学依然感到无助。分析其原因，一是家长的恐慌心理或功利心理剥夺了学前幼儿发展的权利所致；二是幼儿园的幼小衔接工作没有从实质上帮助幼儿做好能力与习惯的准备。为此，我园从了解幼儿、支持幼儿、满足幼儿需要出发，构建幼小衔接工作体系，使幼儿自信、主动地步入小学。

一、多途径、多维度了解小学生入学初期的困难与需求，寻找问题关键，为幼儿升入小学做好能力与习惯的各项准备

（一）跨学段交流与实践体验并举，是我园出口衔接工作的创新之举

打破学段壁垒，走进幼儿未来生活的情境中去体验、去发现孩子真正的需

求。我园大班教师走进小学担任一年级班主任,为期一年的实践体验与交流让我们感受幼儿园与学校的诸多不同:一是幼儿园与学校的活动形式与内容不同,幼儿园活动都是游戏化的,内容是生活化的。学校的活动都是集体化的,内容是学科知识化的。二是幼儿园的作息安排和内容要求与学校不同,幼儿园作息安排琐碎,生活环节占的比重大,老师提示完成的比较多。学校作息安排中上课时间多,生活环节只占很小的比重,学校生活要求自己完成的比较多,教师提示少而简约。三是幼儿园与学校对幼儿的能力要求和评价不同,幼儿园的本领学习多是在同伴互助下完成即可,园所评价多是定性的评价。学校中要求学生自己独立完成学业,评价多是量化评价。四是学校学科的丰富性和系统性明显增加,学习模式转换比较频繁,需要学生有很强的倾听能力和专注品质。

在班级管理的过程中,教师发现幼儿能力与习惯养成中存在的不足之处:一是一年级的孩子交流和解决问题的能力都有所欠缺,同学之间出现矛盾的概率也比幼儿园大班上升了。一旦出现矛盾,孩子们不会自己解决,多半会向老师"打小报告";二是班里学生遗失物品的现象每天都有发生,小到橡皮、铅笔、小黄帽,大到水壶、衣服;三是不少孩子动作缓慢,本来20分钟的复习或预习作业能拖一两个小时,做事拖沓也是令家长非常头疼的一件事。这些现象反映了孩子的物品管理、时间管理、同伴相处能力方面比较欠缺。

(二)走进不同群体,探求准小学生应具备的核心能力与素养

走进小学,与教师了解学生的现状以及学校生活的要求;走近学生,与低年级学生进行体验活动和座谈交流,帮助幼儿了解小学生该做什么,该怎么做;与中外教育专家互动交流,了解学生应具备的能力和素养。一次与美国密西根大学教授的交流让我印象深刻,并给予我很多启发。他说:美国幼小衔接更加关注幼儿的自我决策,需要他们自己决定做什么,怎么做。

总之了解学生发展特点、学校教育特点以及学生适应学校生活应具备的能力特点是我们做好幼小衔接工作的关键。

二、多内容、多方式帮助幼儿养成必备的能力与习惯,循序渐进地让幼儿体会自我成长,有准备地走入小学生活

1.梳理活动内容与方式,帮助教师明晰衔接工作要点,为幼儿掌握必备的能力与素养做好外力支持。幼小衔接的主要内容涉及自我管理、自我服务与自我决策三个方面,首先是帮助幼儿处理好几对关系:幼儿与时间、幼儿与物品、幼儿与同伴、幼儿与自己。二是确定内容的关键要点:时间管理中要做到按时与守时;物品管理中要做到分类与有序;同伴相处中要做到协商、谦让与轮流;环境管理中要做到安静与干净;自我意志与情绪管理中要做到坚持与专注;学习管理中要做到倾听与主动思考等。

2.关注问题解决的过程与方法,帮助教师关注幼儿的细节变化,为支持幼儿主动发展提供内力驱动。针对幼儿实际状态,诊断现存问题,强化小学生活的状态与标准,转化幼儿的想法与行为。

在时间管理方面:问题一,早上来园出勤不好。分析原因是晨检活动对幼儿没有挑战性,幼儿不感兴趣;家长没有重视幼儿时间观念的培养。于是与幼儿共同开展了"按时来园我最棒"系列活动。一是将值日生的内容由生活卫生服务拓展为早操的示范组织(包括领操和口令组织队列);二是幼儿记录自己的出勤情况(班级总表一张,个人一张),便于幼儿自我认知与统计;三是晨间自主绘画记录、交流;四是针对出勤情况进行家庭反馈与兑换文具奖励活动。问题二,幼儿做事拖拉。分析原因是幼儿对时间有多长、可以做什么没有概念。于是与幼儿开展了"我和时间做朋友"系列主题活动,通过认识钟表(时针、分针、秒针及进位关系,钟表的构造与用途)—感知时间长短(安静5分钟与快乐10分钟)—有效利用时间(专注做事)—珍惜节省时间(收集方法,改进做法)来帮助幼儿对时间形成概念。其次,在日常生活中调整教师的指导语,如:"选择一个伙伴,给你5分钟的时间去……"利用沙漏和看钟表的方式提示幼儿在规定的时间内按要求完成任务,帮助幼儿感知时间,专注做事,体会做事的有始有终。通过主动自然的活动、互动,幼儿养成了按时、守时、有效利用时间的好习惯。

在物品管理方面:问题一,书包里物品乱放找不到。分析原因是幼儿没有合理利用空间,建立起分类存放的习惯。与幼儿开展"书包乱了怎么办"的系列主题活动,通过认识小书包、书包里面有什么、怎样收放最方便、文具少了怎么办等活动,帮助幼儿建立物品管理意识,探索收拾整理书包的方法,特别是孩子在探索活动中找到了适合自己的方法(每人的书包和笔袋里都会各有一张提示卡——"物品清单",笔袋里都有什么文具,书包里都放了哪些物品及其所放位置就一目了然了)。问题二,水彩笔笔帽常常找不到。分析原因是幼儿绘画前没有把笔帽插在笔上,绘画完毕后收拾整理不到位。与幼儿开展了"小小画笔流浪记"系列主题活动,通过谈话活动(笔帽丢了怎么办)、认识画笔、讲解、讨论、绘画《三毛流浪记》、笔帽找家等活动,帮助幼儿养成物品有序收放与使用的好习惯。物品管理的相关活动的开展,使幼儿对周围的环境眼中有序,对自己的物品心中有数,学会合理摆放自己的物品。

在与同伴共处方面:问题一,出现冲突不会解决,只会"告状"。分析原因是幼儿以自我为中心,不会使用多种方法解决问题。与幼儿一起学习传统猜拳游戏方法,决定先后与轮流;与幼儿分享故事《孔融让梨》,学习谦让;与幼儿观看生活实景,学习安静、有序排队等。问题二,不能当众介绍自己。分析原因是没有给幼儿相关的活动练习,幼儿不知道怎么介绍自己。与幼儿开展"模拟新生面试"活动,通过主动问好——介绍名字、性别、年龄、爱好以及父母相关信息、学习倾听问题进行相应解答、鞠躬再见等环节,帮助幼儿更好地了解新生面试环节。同时,日常生活中,注重幼儿礼貌待人、微笑面对、轻声慢步、不随意打扰别人等习惯的培养,帮助幼儿掌握与别人共处的方法,养成会合作、会交往的好习惯。

在与自己相处方面:问题一,遇到问题乱发脾气。分析原因是幼儿不了解自己的情绪,不会调整自己的情绪。与幼儿开展《菲菲生气了》《我的坏脾气》等绘本阅读活动,通过阅读绘本、绘画表情故事、说说自己感受、学会调节情绪的方法等活动,帮助幼儿了解自己情绪,掌握缓解自我情绪的方法。问题二,遇到困难经常求助老师。分析原因是幼儿不善于自己思考问题,不主动寻求解决办法;教师给予幼儿的指导多是"有问必答"。为此调整与幼儿交流的方式——变直接回答为把求助问题抛回去,增加互动环节、思维环节,鼓励幼儿养成用自己方式解决问题的习惯。开展《坚持到底不放弃》绘本系列活动,通过"我"的发现(寻找幼儿感兴趣的画面)——"我"的问题(收集筛选感兴趣的问题)——共寻青蛙属性(自主寻找与交流)——"我"喜欢的字、词、句、情节(自我解读,共寻答案)——主题仿画(了解幼儿学习成果)——日常实践(学习成果的落实与运用)等环节,通过对绘本内容进行解读使幼儿学习思考的方法,做事的方法;互动过程中利用个人、小组、集体等形式使幼儿学会协商、选择、自主决策;交代任务时强化问题思考使幼儿听见话、听懂话、按要求去做事,帮助幼儿学会专注倾听、主动思维、认真去做。

除了上述能力与习惯培养之外,还让孩子们的作息时间与小学"对接",大班第二学期会把作息时间微调,上午适当缩短了游戏时间,把1节体育教育课改为2节,每节课的时间也从30分钟,逐步延长至35分钟、40分钟。中午午睡时间由2小时调整为1小时。

三、家园互动,帮助家长做好心理准备

做好幼小衔接不能仅靠幼儿园和学校,更需要家长的积极配合。唯其如此,才能为衔接构建良好的"生态环境"。要不要孩子学习拼音?要不要给孩子报"学前班"?面对大班家长普遍关心的一些问题,我园还分别在交流校和本园做了幼小衔接问卷调查,了解家长对孩子成长方面的看法和需求,并通过家长会对家长进行相关知识的培训,告诉家长们,幼儿园大班应该重点培养孩子哪些能力,小学一年级的教育教学什么样,甚至细微到入学的时候该给孩子选择什么样的文具。

幼小衔接工作实践,让教师培养策略更加丰富、多元,更加注重幼儿的个性化需要。一位毕业生家长说:"崇幼老师对孩子的培养太有效了,孩子们在学校能主动帮助同学分餐,而且干净有序;能够在集体面前大胆表达自己的想法,能自信地组织其他学生排队、离校;特别是能够听懂、完成老师交办的任务等。"

5年的衔接教育实践,让我们更加清晰了幼儿发展阶段特点、生活环境特点和幼儿认知和身心特点。从实际出发,顺应幼儿发展的支持策略与跨阶段实施方案是做好衔接工作的关键要点。

第三节 升班教育

升班教育是幼儿园每年都要经历的日常工作,如何在日常工作中提升幼儿发展质量,让幼儿在符合年龄特点的基础上促进常态化发展,为此,园所进行了系统化的研究与实践。

一、活动背景

一年一度的"升班工作"成为教师、孩子、家长们极为关注的焦点:对于教师来说,班组成员的变动、教室环境的调整以及幼儿发展的有效促进成为其急于解决的问题;对于幼儿来说,教室环境的变化、教师的变化以及自己的胜任能力成为其关注的话题;对于家长来说,师资的变化和幼儿发展的程度与未来的适应性成为其迫在眉睫的关注要点。对于"升班"这个既特殊又常态的工作而言,如何让教育基因融入幼儿的日常生活,在自然而然的活动中促进幼儿主动发展成为我们密切关注的重要话题。

二、活动意图

升班,从学校日常管理上看,是一种常态的管理模式;从幼儿发展的内涵上看,是能力、习惯、品质提高的意思。

利用升班的教育契机有效帮助师幼发展是我园立足儿童视角,以杜威"新三中心"理论为依托的教育探索,力求在日常生活环节中,教师能善于发现资源、整合资源、利用资源来创新教育方式,捕捉教育契机支持幼儿体验;幼儿能独立思考、主动参与,体会"一起做、一起乐"的愉快体验;家长能及时了解幼儿成长需求,共同助力孩子健康成长。其创新点是立足促进幼儿发展的系统思考和递进式发展策略的实施。

三、活动思路

拟从幼儿发展、教师支持、家长助力三个维度看升班教育的起始点和落脚点,让每个参与主体在升班教育中都有成功体验、成长心得、成果获得。其创新点是"三位一体"共同参与、共同成长。

(一)从幼儿发展视角看升班教育

升班教育是发展契机,促进幼儿主动发展是核心。激发幼儿升班的愿望,了解升班的意义是帮助幼儿发展的重要切入点,升班不是简单的环境变化和班级名称的变化,更多的应该是幼儿在意识、能力、好习惯等方面的提升和改变,也就是说激发幼儿内心潜能是升班教育的重要切入点和落脚点。比如,我要成为好孩子,我要学会自己事情自己做,我要学会和小朋友一起玩,我要学会安静倾听、独立思考和解决问题,等等。

(二)从教师支持的视角看升班教育

教师的关注点可以概括为以下四点:一是相信孩子:相信幼儿是主动发展的人,愿意主动做事,主动分享;二是预设在先:对幼儿在活动中关注什么、收获什么、避免什么要做到心中有数;三是放手示弱:明晰支持幼儿发展是核心,与幼儿共同参与、共同成长、共同构建和谐关系是目标;四是生活本真:强化真场景、真情感、真互动的资源利用和资源转换,形成问题思考与问题解决的实效是促进师幼发展的重要载体。

在具体实践中,教师要为孩子提供一切参与可能,让他们在自主活动中感受到自信、自由、自在是升班教育中的核心要义——升班是有意思的,更是有意义的,将"玩中学、玩中教、玩中求发展、玩中得喜悦"融于师幼真实生动的互动场景之中。比如,设计新教室、打扫新教室、装饰新教室的工作,可以主动征求孩子们的意见和建议,让孩子的想法真正落实于日常生活中。特别是在搬入新教室的过程中,教师主动示弱,在各个细节中强化幼儿的长大和能干。比如在玩具的整理、搬运、收放中,教师启发孩子要思考"用什么工具、用什么方法、怎样方便、安全"等,集思考、尝试、体验于一身的生活劳动就这样自然而然地产生了。生活需要发现,需要创造,更需要赋予生活本真的意义和价值,只有扎根生活的成长才是深刻的,灵动的。

(三)从家长助力的视角看升班教育

携手教师帮助幼儿共同经历环境变化与心灵成长是家长助力的关键要点。"放手"让孩子参与力所能及的活动;"鼓励"孩子在可驾驭的范围内独立思考、自主决策;"支持"孩子合理的探索需求,成为"陪伴"孩子幸福成长的知心伙伴。

四、活动开展

1.从物质环境建设的维度看,将外在环境的变化作为教育资源,引发幼儿主动参与的愿望,为升班教育做好物质准备。

表 2-3-3-1

阶段	内容	目标	幼儿发展点	教师关注点	家长助力点
第一阶段	搬家	观察新家,收拾卫生;对新家充满好奇	清扫、擦拭、搬运;了解环境基本布局	操作方法、自我保护、收获的经验;幼儿对新家的真切感受	鼓励家庭延伸,放手做力所能及的事
第二阶段	建家	共同交流、规划新家,分工合作,计划实施	想想、说说、画画、试试;参与建家的全过程	幼儿想法的梳理与表达;幼儿主动承担的意识与能力引导	鼓励倾听幼儿的真实表达,给予正向协助引导
第三阶段	整理、美化	区域划分,约定规则;学会识别,共同行动	整理、布置、美化;共同感受幸福之家	审美与安全、灵活与方便、自主与自控	鼓励幼儿自主决策,尝试美化整理环境

与幼儿积极的互动中,教师能放手让孩子参与、能静心看孩子表现、能喜悦接纳孩子的差异和成长。幼儿能主动表达自己的想法,主动参与到区域设置、环境布置中。为此,升班准备成为师幼快乐而难忘的成长记忆。

2.从幼儿的心理建设维度看,将幼儿内心向上成长的愿望作为发展动力,引导幼儿自己想、自己做、自己表达,为升班教育做好心灵定向准备,具体方案的梳理如下。

表 2-3-3-2

阶段	内容	目标	幼儿发展点	教师关注点	家长助力点
第一阶段	愿望激发	引发幼儿健康成长的愿望,有强烈的内生动力	回顾成长、自主思考、清晰表达、有感而发	组织谈话、梳理思路、整理制定下一步方案	了解幼儿的真实想法;鼓励幼儿更多的自我尝试
第二阶段	行动实践	引导幼儿在实践中实现自己的想法	有意识的行动促进有意义的发展	意识层面:主动意识、自主意识、规则意识、守时意识、诚信意识;能力层面:倾听与表达、观察与记忆、自理能力、友好交往能力;习惯层面:阅读习惯、思考习惯、锻炼习惯、物品收纳习惯、表达习惯等。	尊重幼儿发展,遵循教育规律;更新育儿观念;学习科学的育儿方法

续表

阶段	内容	目标	幼儿发展点	教师关注点	家长助力点
第三阶段	经验分享	引导幼儿回顾自己的体验和经历，并进行归类	引导幼儿自我认识、自我发现、自我调整、自我评价、自我改变	关注幼儿持续性的变化并提出可以进阶的有效建议；关注已有经验的生长点	鼓励幼儿已有经验的运用和自我表达

实践中，强化从幼儿角色定位出发，引发幼儿对升班教育的理解、体验和能力获得。例如：新入园小班的幼儿，从父母称呼的小宝贝转变为小朋友，要逐步适应除家庭看护以外大环境的生活，学会自己独立生活；学会和小伙伴一起玩；能顺利地离开父母融入幼儿园生活，等等。新中班的幼儿，从小朋友的角色转变为哥哥姐姐，其重点要逐步学会心中有他人、心中有榜样，勇敢地做好自己；新大班的幼儿，从哥哥姐姐转变为准小学生，要逐步与小学生活衔接，强化幼儿自主计划、自主决策、自我安排的意识与能力的培养，使幼儿能独立胜任小学生活和小学学习的各项任务。

3.从教师储备的维度看，要善用身边资源作为载体，引导幼儿发现、整合、创造，为升班教育做好经历与经验准备：一是用什么样的心态迎接升班？让幼儿学会感知自己的状态与心态；让教师思考怎样与幼儿一起生活；让家长的尊重与期待融于幼儿成长之中。二是升班过程中会遇到什么困难？让幼儿在观察比较中感受成长会遇到的困难，明确自己要怎么做才能克服困难，取得成功；让教师思考怎样突破原有思维局限，追随孩子的兴趣需求，开展有意思、有意义的活动；让家长了解孩子成长过程中遇到的困难以及解决方式，缓解家长焦虑。三是升班后打算怎样做？让幼儿学会自主计划、完整思考、有序实施，体验成效；让教师明确所支持观点、具体策略、活动进程、活动成效，对幼儿未来状态有了解；让家长了解幼儿的想法，给予积极正向的引导。

五、活动实效

1.教师发展方面。一是帮助教师明确了幼儿发展的阶段特点和教育实施路径，使教师在教育实践中有了重要抓手。二是帮助教师调整了工作节奏，有序梳理了学年工作思路，使教师对幼儿发展、环境营造、家长工作等方面的内容有了清晰把握。

2.幼儿发展方面。一是给幼儿提供了实践体验,幼儿可以在一定空间内实现自主参与、表达。二是向幼儿提供了升班过程中的经验准备,使幼儿真切地体会到成长的喜悦。

3.家园配合方面。一是给家长输入了正确的育儿观念和方法,使家长能懂孩子,具体表现为尊重孩子的心理、尊重孩子的需求、尊重孩子的个性表达等,为孩子在家庭环境中提供适宜的陪伴和互动。二是帮助家长缓解育儿方面的焦虑情绪,明确培养好习惯是成就好孩子的关键,纠正家长以知识学习、分数论优劣的评价观念。

第四章 家、园、社协同教育研究

家、园、社协同教育成为新时代教育的主要研究内容,构建和谐关系,了解幼儿发展特点和认知特点,遵循幼儿发展规律,提供良好的习惯养成策略是我园家园共育研究的重要切入点。

第一节 好习惯养成的重要性及深远意义

习惯是固定的模式,是一种自动、自然而然的路径。其根本是心向品性的倾向模式。

好习惯,顾名思义就是指良好的习惯。良好的习惯有三个层次,从感性到理性到心性;从内容上看,一是行为习惯,就是做有益于自己、有益于他人、有益于社会的事,并长期坚持,直到成为习惯性的行为,它具有外显特征。二是思维习惯,就是有益于自我身心健康、和谐统一的思维调式,它具有内隐特征。三是心性倾向,就是能归因于内在自我,产生积极、向上、向善、向光的力量,它具有内驱特征。

好习惯是自信的来源,是人一生成长的大事业。因此说,好习惯成就大未来、好习惯成就孩子一生的幸福!

记得一次与著名教育家顾明远先生的对话中,我向老先生求解,学前教育最根本的目的是什么?老人家给我的回答是,良好的习惯、健康的体魄、丰富的情感和好奇心。十年后,再次请教顾老,新时期学前教育的任务是什么?老人依然给我的答案是:"良好的习惯、健康的体魄、好奇心、积极的情绪、开朗的性格",要在"吃喝玩乐中成长、在吃喝玩乐中养成好习惯"。可见,对于学前儿童来说,好习惯养成至关重要。

从幼儿实践的角度看,好习惯是孩子自理生活、自主游戏、自我服务中所具备的想法与做法的结合,其结果是能方便自己且尊重他人,使他人不被打扰。从幼儿学习的角度看,好习惯是孩子学前阶段学习与发展的重要任务,学习的重要内容是在"吃、喝、玩、乐中养成好习惯"。学习的方式有模仿、儿歌、游戏等,其结果是在养成习惯的过程中培养了自信、自主、自控的能力,同时持续专注、积极探索、主动克服困难的学习品质也就形成了。从幼儿发展的角度看,好习惯是助力幼儿健康生活、快乐成长的重要保障,也是幼儿友好交往的前提和纽带,更是伴随孩子一生的重要素养。

好习惯的"好"从起点看是服务孩子,从过程上看是发展孩子,从结果上看是成就孩子,把握住好习惯养成的三个关键点,教师和家长要重新审视自我的起心动念、行为方法、评价倾向的统一性和系统性。切忌以"爱"的名义剥夺孩子发展、探索的权利;切忌以"保障"的名义过度保护,让孩子失去自我主动的意识和能力;切忌以"偏"盖"全",忽略好习惯养成整体性与幼儿发展个体性之间的差异化。

通过多年的教育研究实践,在幼儿园生活中涉及的好习惯有以下六个方面:生活自理好习惯、文明交往好习惯、卫生安全自护好习惯、阅读好习惯、爱思考好习惯、体育锻炼好习惯。这些习惯养成融于幼儿一日生活的各个环节中,力求在做中玩、玩中学、玩中思、玩中求发展,"做和玩"是幼儿学习的特有方式,思考、决策、分析、观察、表达等能力发展蕴含其中。

"好孩子"是家长和老师共同的期盼,好孩子应该是什么样?从国家层面看,是德智体美全面发展的社会主义建设者和接班人;从社会层面看,是具有利他行为、长大后能为社会做积极贡献的人;从教育层面看,是爱学习、守纪律、善交往、能主动克服困难、自己解决问题的人;从家庭层面看,好孩子是"听话"的孩子,是依家长现有价值判断的结果。如何将国家、社会、教育、家庭对"好孩子"的标准与内涵高度统一,让孩子成为更好的自己、成为家庭的传承、成为社会的栋梁、成为国家的建设者和接班人是我们当下最重要的使命。

第二节 构建家园教育合作关系,为好习惯养成奠基

一、明确家园共同使命——"养成好习惯,成就好孩子"

好习惯养成是家园共同的事业,是教师和家长携手配合、共学、共促、共享的过程,好习惯养成的过程是教师和家长给予爱的过程,让孩子成为他自己,在真实的生活体验中成为更好的自己,最终成为"行为独立、思维独立、人格独立"的大人——遇事时有正见、有担当、有自信;待人接物时,谦卑有礼、言缓和善、宽人严己;时时保持对自己的严格约束等。这个状态应该是每父母、教师、社会共同的心声、心愿和向往。相信每一个父母都希望自己的孩子好,老师也是一样的,没有一个人希望孩子成为社会的负担。这就使家长和教师形成了命运共同体和发展共同体,其共同的使命——"养成好习惯,成就好孩子。"

二、明确家园关系——教育合作关系

家庭和幼儿园的关系,从社会关系的视角看是合同关系,是家长和幼儿园之间建立的有法律保障的社会关系。家长是需求方和出资方,根据自己对孩子保育教育的需求选择不同环境、不同保育教育水平的学前教育机构。幼儿园是保育教育服务的提供方,根据国家规定,提供安全、合格的环境与设施和较高专业化水平的保育教育服务,让孩子在幼儿园受教育期间健康快乐发展。帮助家长提升科学育儿水平,为孩子提供良好的家教环境。

从教育关系的视角看,双方是合作关系。《幼儿园教育指导纲要(试行)》对家园关系的重要性及合作内容、做法做了明确阐述:"家庭是幼儿园重要的合作伙伴。应本着尊重、平等、合作的原则,争取家长的理解、支持和主动参与,并积极支持、帮助家长提高教育能力。"这一阐述明确指出了家园合作关系的指向是教育合作,其核心目的是促进幼儿健康成长。家长在教育合作中是不可或缺的教育力量和教育资源,幼儿园是实施教育合作的提供者和主动沟通者。

在家园的社会关系与教育关系当中,后者无疑占据绝对的主体地位。因

为社会合同关系是毋庸赘述的,幼儿进入一所幼儿园,家园自然发生社会合同关系。但家园关系最核心的使命实际上是通过双方的共同努力,促进幼儿健康成长。

三、明确家园共同心态——平和、信任、友善

《幼儿园教育指导纲要》指出:"教师的态度和管理方式应有助于形成安全、温馨的心理环境。"安全的环境是幼儿园教育最基本的需求,也是幼儿成长的起点。关于物质环境提供的安全性,家长是可视、可查的,但是对于心理环境的构建,需要家园共同配合,营造"平和、信任、友善"的心理氛围,让幼儿在轻松、愉悦、温暖的环境中自主成长。强调以下三个方面。

1.以诚相待、相互尊重是教育的起点,也是好习惯养成的关键。好习惯养成最重要的方式就是无声的影响,学前儿童重要的学习方式是"耳濡目染"进行模仿,为此,成人的榜样作用至关重要。俗话说,给孩子什么,孩子就会吸收什么,成长什么。在孩子不能完全明辨是非、善恶之前,请尊重孩子的生命成长,给孩子提供一个宽松、自由呼吸的空间。作为教师和家长,要时刻谨记:我是孩子的榜样,孩子是我的影子,尊重他人就是尊重自己。

2.以信为首,相互理解是施教的关键,也是好习惯持续推进的重点。好习惯养成是不断纠偏、修正的过程,也是学前儿童认识世界、参与世界、创造世界的重要路径。理解和信任是化解误会、产生聚能的重要力量。

3.友善为本、平和待人是教育的本质,也是好习惯养成的核心。友善,是有礼貌、礼数、礼仪的体现,也是懂规矩、有家教的素养体现。平和,是控制情绪和平衡欲望与现实关系的重要体现,也是一个人高修养、高情商的流露。

第三节 明确幼儿发展特点和任务,为好习惯养成护航

从教育学视角看,幼儿具有突出的年龄特点和认知发展特点。从心理学视角看,幼儿具有显著的心理特征。从家长和教师两个视角对不同年龄班幼儿的发展特点和实际发展任务进行梳理。

一、小班幼儿(3~4岁)

1.我们眼中的幼儿。家长眼中的小班幼儿：爱哭、爱闹、爱撒娇、爱耍赖，等等，总之，不听话，不好带。有时为了不让孩子哭闹，就依着孩子的性子，要星星不给月亮，这也是家长的无奈之举。教师眼中的小班幼儿：可爱、纯真、简单、稚嫩，等等，总之，很可爱，很喜欢，跟孩子们在一起会有母性的流露，很是享受。

2.幼儿身体、心理、行为方面的特点。身体方面，发育未完善，动作不协调（大动作、精细动作），不能做到手、眼、脑协调一致。认知与心理方面，自我意识还未独立，依赖、依靠的心理比较严重。自理能力——因不能独立胜任一些"事情"所以入园初期不能适应幼儿园集体生活。专注时间较短，大约在15分钟。语言与行为方面，不会说——不会准确表达自己的意愿，没有学会与人交往的良好方式；听不懂——听不懂指令和要求，不熟悉别人的交流方式；不会做——不能独立胜任生活自理的相关内容等。

3.主要发展任务，侧重于关于自己的话题。有以下三个方面：自我意愿的表达，让孩子学会用共性方式表达自己的需求，能听懂老师的话；自我意识的建立，让孩子知道"自己的事情要自己做"；自理能力的培养，让孩子在不断的练习中感受到自己能干、会干、喜欢干。

二、中班幼儿(4~5岁)

1.我们眼中的幼儿。家长眼中的中班幼儿：长大了、淘气、好动、有自己的想法、爱问问题、不听话、任性。教师眼中的中班幼儿：孩子活动能量大，同伴交往多了，学习愿望强。中班幼儿最难带。孩子发展飞跃期（每个孩子时间节点不一样，比如说：不爱说话的孩子，突然就爱说了；不遵守纪律的所谓"淘气"的孩子，突然就能按照要求去做了、懂事了），请家长和老师"耐心等待"孩子的发展。

2.幼儿身体、心理、行为方面的特点。身体方面，发育比较完善，动作协调性明显提高。认知与心理方面，自我意识比较独立，愿意尝试一些活动，求知欲望明显增强，专注时间比小班有所提高，时间在20分钟左右。语言与行为方面，能比较清晰地表达自己的想法，会与小伙伴一起游戏、一起生活。

3.主要发展任务,侧重于"我"和同伴的话题。主要有以下三个方面:服务意愿的表达,让孩子学会使用礼貌语言,表达自己可以帮助他人;服务意识的建立,让孩子知道"帮助他人也是帮助自己";服务能力的培养,让孩子在不断的练习中感受到自己可以帮助别人,服务别人,感受到助人为乐的喜悦。

三、大班幼儿(5~6岁)

1.我们眼中的幼儿。家长眼中的大班幼儿:懂事了,对很多事情感兴趣,有时坐不住。教师眼中的大班幼儿:孩子像个小大人,各方面能力明显提高,有大哥哥、大姐姐的意识,干事有模有样。

2.幼儿身体、心理、行为方面的特点:身体方面,活动量大、体能明显增强,动作协调性强。认知与心理方面,自主意识明显增强,愿意自己选择活动内容、材料和伙伴,能安静地做自己喜欢的事,依幼儿兴趣专注时间30~40分钟左右。语言与行为方面,能清晰表达自己的想法和游戏过程;会初步辨别对错;能与小朋友合作游戏,会协商。

3.主要发展任务,主要侧重于"我"和班组的话题。主要有以下三个方面:自主意愿的表达,让孩子学会完整地表达自己想法、做法等;自主意识的建立,让孩子知道"凡事通过自己的努力去完成";自主能力的培养,让孩子在不断的自主选择中,强化问题解决能力。

充分认识不同年龄班幼儿的特点,明确不同阶段的发展任务是对幼儿发展的真正尊重,是有效助力幼儿健康发展的前提保障。

第四节 家园互助交流,为好习惯养成提供助力

一、生活自理好习惯

(一)概念

生活自理好习惯指的是孩子在生活中掌握自我服务的技能,提高自我服务的本领。那么自我服务的能力又是什么呢?在小班,主要是能够掌握独立进餐、独立入睡、独立如厕的基本技能和本领。到了中班,要熟练掌握这些技

能和本领,能比较顺利地完成这些内容。到了大班,孩子的表现更加自主了,能迅速、有序地完成生活自理的相关内容等。

(二)生活自理好习惯与孩子健康成长的关系

生活自理好习惯与孩子健康成长的关系主要有以下三个方面:①生活自理能力能促进幼儿手、眼、脑、体协调发展。孩子们在动手、动脑、动口的过程中能够有机整合从而全面发展;②生活自理好习惯的养成能帮助幼儿建立探索意识、独立意识,并获得属于自己的成长体验;③自我服务能力对孩子形成自理、自立、自信的意志品质有很好的促进作用。

(三)生活自理好习惯培养和养成的方式、方法

1.关于生活自理习惯中"三独立"的培养目标和内容。在小班,主要是要学会独立"吃、喝、拉、撒、睡、洗"等生活技能,它是幼儿能够独立于他人,建立安全感、减少焦虑情绪的重要一环。通过成人示范、讲故事、唱儿歌等方式帮助幼儿引发动手参与的兴趣。通过情境游戏、提供相应材料等方式,延迟孩子练习的时间,帮助孩子熟悉"三独立"的技能与方法。在中班,对于"三独立"的能力要求需要更加熟练和有序,同时内容难度也会有一些增加。比如,练习使用筷子,自己有序地整理衣物等。在大班,孩子们要迅速有序地完成"三独立"的内容,同时可以增加自主决策的机会,让孩子适当合理地安排生活内容。

2.生活自理习惯中"物品管理"的培养目标和内容。在小班,孩子们要知道自己的物品"从哪儿拿的要放回哪儿去",比如:自己看完的书要放回原处。在中班,主要是整理好自己生活区域,建立"物品有序摆放、方便自己"这样的生活意识与能力。比如:玩具区的玩具是按照大小还是高低进行摆放,小衣柜里的衣服是用衣架挂起来还是叠起来摆放,等等。在大班,主要是分类整理物品,孩子们要分辨是按照用途还是按照使用时间、内容等分类整理的。比如:孩子即将升入小学,他们要学会整理自己的书包、文具,让孩子养成"分类存放、方便取放"的习惯,同时在心智上可以建立"心中有数、行中有序"的意识。

(四)家园共育注意事项

1.育儿观念一致性。

一是要坚持"自己的事情自己做;自己的事情熟练做;自己的事情主动做;自己的事情持续做"。以上四个阶段循序渐进推进发展,让孩子能意识到"我会做了,我能做了,不用成人帮助做了"。强调"自己做",是体现自己的事情要自己承担;强调"熟练做",是要熟悉方法、掌握要点;强调"主动做",是体现孩子主观意愿的积极性;强调"持续做",是要不断坚持,直到完全熟练运用。

　　二是要强调一致性、针对性和坚持性。首先要与幼儿园要求一致,让孩子在学习运用的过程中知对错、明方法、不分心;其次要根据孩子本身发展水平给予个别指导,让孩子能够顺利战胜困难;另外习惯养成需要持续的练习,以确保熟练掌握。孩子的坚持、专注、观察、主动学习的良好品质是也会在感知、体验、操作过程中得到培养和发展。

　　生活中的操作和游戏都可以是孩子主动学习的媒介。孩子是通过"玩中学、玩中思、玩中求进步"的。学前孩子的"玩"也就是我们所说的游戏方式,它是探索感知、获得多感官信息的主要途径,也是孩子学习的最主要、最重要的方式。家长一定要注重孩子动手做、动口说、动脑想。千万不要剥夺孩子成长、锻炼的机会。

　　2.育儿方法的多样性。

　　(1)多给体验,保护孩子的自尊心:给孩子提供自然而有意义的环境和机会,让孩子多练习、多参与,少包办代替,使孩子心智在练习中得到成长。比如,在孩子练习穿脱衣服时,我们会通过以下几个环节完成。一是操作游戏——让孩子认识衣服,记住这件衣服的特征。我们使用的方法是(辨别前后、里外、上下)。二是肢体游戏——通过体验理解相关动词,记住相应的动作顺序。比如让孩子在练习中知道(抓握、套头、伸胳膊、拽衣角)的指令等。三是模拟游戏——练习穿衣服。孩子在成人的帮助下完整练习。孩子从认识、体验、练习过程中一点点适应、掌握,最终获得了穿衣服的本领。在日常生活中,我们发现一些家长怕耽误时间、怕孩子穿不好而包办代替,其实这是剥夺孩子成长权利的一种行为,是对幼儿成长本身的不尊重。

　　(2)多给鼓励,增强孩子的自信心:倾听是亲子关系中最为重要的沟通手段,也是家长读懂孩子最好的方式。有时候,成人常常会误认为孩子小、什么都不懂,就忽略对孩子内心感受、体验的倾听,发现不了孩子的小心思、小情绪,导致孩子的心情受堵而失去继续尝试、探索、练习的兴趣。鼓励和认可是孩子获得自我成长动力和自信的重要途径。家长在与孩子交流过程中要针对具体行为进行认可,"鼓励"时要注重语言简单、清晰,让孩子知道什么是应该的,什么是不应该的,在哪些方面要继续努力,等等。

(3)多给陪伴,激发孩子的好奇心:好奇心是孩子持续学习的最好动力,多欣赏、多陪伴,与孩子同喜同乐是保持好奇心的最好方法。比如:将好玩的动词、语气词和情绪紧密地结合在一起,帮助孩子营造轻松、愉悦的活动氛围。

练习穿套头衫:

如:钻进小山洞,嘟嘟嘟;

伸伸小懒腰,诶诶呦;

拽拽小衣角,穿穿好!

孩子快乐学习是一件很好的事,孩子在玩的过程中动作协调性获得了练习,随之心智也获得了良好的发展。

二、卫生安全好习惯

(一)概念

卫生安全好习惯是保护和保障孩子身体健康的意识和能力的总称。它涉及个人、公共和饮食卫生安全三个方面。

(二)卫生安全好习惯与孩子发展的关系

1. 帮助孩子养成爱惜生命和强烈保护生命的意识。

2. 丰富孩子的生活经验和生活常识,能清晰地表达、辨认应该做和不应做的事情。

3. 掌握一些自救、自护的本领,在特殊时候学会"逃生"。

(三)卫生安全好习惯培养和养成的方式、方法

卫生安全好习惯在不同年龄班培养目标和内容。

1. 小班重点是"要知道,能按指令做"。小班孩子的表现"可能是会说但有时记不住,还需要家长提醒"。比如在安全预防上,我们要让孩子知道危险的东西不能动,危险的地方不能去,不要拿陌生人给的东西、不跟陌生人走、做事前要征询成人的意见,在指定要求下才能进行。在卫生习惯养成上,小班孩子要知道保持衣帽整齐;勤洗澡、勤换衣服、勤剪指甲;打喷嚏会用胳膊挡住,轻咳会低头捂嘴;饭前便后要洗手,等等。

2. 中班重点是"要记住,能自己尝试做"。中班孩子的表现"可能是会说、

会做但有时针对性和匹配度不到位,需要家长提示"。比如在安全预防上,要记住安全标识、了解安全常识,会打"120""119"或"110"呼救,要记住自己家的具体地址、明显标志物和父母姓名、联系电话,等等。在卫生习惯上,中班孩子要记住生活自理习惯中的卫生要求和保持生活环境整洁的具体规则,等等。

3.大班重点是"能有序地做到位"。大班孩子的表现"可能是记住了但还不会熟练去做,需要家长和孩子一起练习",学会一些简单的自救常识和方法。比如到陌生环境中,先找应急通道;遇到火灾,会打119(我在哪,我是谁,联系电话,能够清晰地描述发生了什么等),会用明显的物品呼救;遇到生命危险时会利用环境条件明示等。为了让孩子储备安全自救和自护的经验,在幼儿园里教师会通过自编情景剧的方式,模拟生活现场,让孩子知道、了解应该怎样保护自己;通过问题互动、亲自参与、演练互动等方式,帮助孩子记住逃生方法——像遇到陌生人给你好吃的、好玩具引诱你跟他走怎么办?离园时,陌生人冒充家长接你怎么办?等等。另外,在卫生习惯养成上,大班孩子要学会根据自己的感知体验做决定,比如除了饭前便后要洗手,还有什么时候需要洗手;在什么情况下需要增减衣物;关于自己的进餐量和饮水量如何调控,等等。

(四)卫生安全好习惯养成的家园共育策略

1.好习惯养成应具备的观念。

(1)随时、随机。卫生安全好习惯所涉及的内容比较广泛,渗透在生活的各个方面,需要家长有意识地发现生活情境,做到随时、随机与孩子互动。

(2)严谨、严禁。卫生安全好习惯的建立要求是非常严苛的,是具有原则性和强制性的。不可放松对孩子的要求,切记溺爱和意识放松对孩子造成身体伤害。

2.好习惯养成的具体做法:力求要做到"严、细、实"。

(1)标准要严,没有商量余地。这是为孩子建立清晰的安全意识标准。家长特别要告诉孩子不能做什么,做了的后果是什么?让孩子知道这是明令禁止的,在孩子年龄还小的时候是不能触碰的。比如说:关于电源、电子设备的使用问题。孩子在使用电器前,一定要经过成人的同意,一定要在成人的看护下进行安全操作,等等。

(2)落实要细,不能有一点遗漏。这是对孩子生命安全的环境保障。家长要对家庭生活环境的区域功能给孩子进行引导和明确,以免孩子因为好奇而造成伤害。比如,关于家庭食品区的设置与明确,非指定地点的东西不能使用等。有的家长为了方便,用饮料瓶装洗涤剂、消毒剂,孩子会因不知晓可能会造成误食等。

(3)指导要实,不能模糊宽泛。这是孩子储备安全知识和自护方法的重要保障。家长一定要根据孩子生活中可能会遇到的情境,告诉孩子应该怎么办。比如遇到困境,不要哭闹,保持体力,要用身体和身边的东西发出信号,引起别人的注意;在公共场合,不小心走丢了,要站在原地不动,等着家长来找你,等等。另外,要学会识别公共环境中的安全标识,不乱动、不破坏公共设施,不去危险的地方玩耍,按指定标识做事(禁止踩踏草地、禁止攀爬、乘坐电梯有成人陪护、不打闹),避免意外伤害。

卫生安全工作无小事,安全教育要融于一日生活,还要用于日常生活。作为教师和家长,一定要关注细节,从小事做起,让孩子从小养成保障生命安全健康的意识和能力。

三、文明交往好习惯

(一)概念

文明交往好习惯是运用礼貌语言和行为进行互动交流的方式,也是我们常说的规矩、礼数。它在社会生活中指的是行为习惯、生活伦理,包括约定俗成的各种"老理儿",它是我们在生活中保持舒适的基本底线。俗话说"没有规矩不成方圆"。

(二)文明交往好习惯与孩子发展的关系

文明交往好习惯与孩子发展的关系主要有以下两个方面。

1.礼貌待人,可以得到别人喜欢和认可,在积极的共处关系中确立自信、获得力量。

2.礼貌做事,可以使孩子清晰地知道自己与他人的关系,形成和谐的氛围。比如不打扰别人、有序轮流,让孩子在比较自然的环境中获得发展。

(三)文明交往好习惯培养和养成的方式、方法

不同年龄班幼儿文明交往好习惯培养的具体目标和内容。

1.对于小班,要做到"会使用、能表达"。能利用礼貌语言进行沟通,能保持稳定愉悦的情绪。比如,见到成人主动问好,称呼长辈要用"您";需要帮助时要会征求对方的意见,比如,"您能帮我一下吗"?得到对方帮助要会说"谢谢";打扰到别人要会说"对不起、抱歉",等等。

2.对于中班,要做到"会等待、能做到"。能利用自己的行动进行互动,与人交往能保持情绪稳定,营造良好的人际氛围。比如,认真倾听,不打断、不打扰别人讲话;保持与别人安全的距离、站立姿势端正、与对方保持微笑的目光交流、不在别人面前跑来跑去,等等。

3.对于大班,要做到"会协商、能自律"。在不同环境中,学会友好共处。比如,遇到人多的时候会主动排队、轮流、安静等待;遇到问题会主动协商,清楚地表达自己的意愿和想法,等等。

(四)家园共育文明交往好习惯养成的重要策略方式:多提示、多练习、多督促、多鼓励

一是身体力行,做孩子的表率,这是榜样的力量和耳濡目染的微环境对孩子的正向引导;比如,见到客人主动问好,热情、诚恳地招待客人,等等。

二是重视约定守信,约定的事情要按时完成,不能敷衍,这是诚信的基本体现;要让孩子建立是非、善恶、美丑的价值界限,不能逾越。

三是讲述礼节,利用环境和传统节日给孩子讲地方风俗和民俗,以体现对别人的尊重。比如,春节期间小孩要给长辈拜年,见面说吉祥话等,这是日常应该遵守的基本准则。

四是学会礼让、分享和等待。比如,分配谁先谁后,谁大谁小,看似是一件件小事,却是"孩子心中有爱、心中有他人"的重要体现。

以上这些好习惯养成后,孩子可以频频得到大家的赞赏和喜爱,同时在孩子的意识里也能很好地认同"自己是个有礼貌的好孩子"。

四、阅读好习惯

(一)阅读好习惯是什么?

阅读好习惯是孩子通过观察、思考获取信息、认识世界、发展思维的主动求知过程,也是孩子自我学习方式形成的过程。比如有的孩子表现为看到什么就说出什么;有的孩子表现为除了看到还能想到,并把自己的理解说出来。这其中的不同是孩子认知水平不同的表现。阅读好习惯除了认知的差异,还表现为阅读兴趣和图书保管方式的差异,等等。比如,有的孩子喜欢看图、有的孩子喜欢看字、还有的孩子喜欢听书,等等。爱上阅读,需要家长发现孩子的兴趣点进行适时、适宜的助力。

阅读对于幼儿来说,是一件很好玩、很有趣的事。阅读好习惯与孩子健康发展有什么关系呢?

1. 培养阅读好习惯是主动思考、建立联系的迁移过程。它可以帮助幼儿与自己、与他人、与环境、与事物建立联系。比如,阅读过程中的故事情节或经验对孩子的启发,在现实生活情境如果遇到类似的问题能想到书中的办法。

2. 培养阅读好习惯是主动观察、引发兴趣的唤醒过程。通过看图、看字帮助幼儿对图画、色彩、文字字形字义产生兴趣,觉得好玩,有意思。

3. 培养阅读好习惯还是主动练习、自我管理的学习过程。孩子摆弄图书的过程既练习了取放和整理能力又提升了孩子自我保管的意识,从而促进手、眼、脑、体的协调发展。

4. 培养阅读好习惯为幼儿抒发情感和表达自己的想法做好丰富的储备,知道说什么,用什么词汇、什么句式、什么语气说。

5. 阅读好习惯是孩子良好生活方式的重要内容,孩子可以根据自己的心情和兴趣打理零散时间,确保自己的生活有意思、有意义,同时让孩子们感受到自己才是生活的小主人。

(二)阅读好习惯培养和养成的方式、方法

对于不同年龄班阅读好习惯的培养目标和具体内容。

对于小班孩子来说,爱读是核心目标。与图书交朋友,会取放、翻阅图书,会把看过的图书放回原处。比如,从哪里拿的放回哪里去,一页一页地翻书,不撕、不折图书等。

对于中班孩子来说,会读是核心目标。知道阅读的顺序是从左往右、从上往下,能识别阅读线索,引发对情节的探索和对结果的判定。比如,绘本中有的是以色彩突出情绪或故事内容;有的是通过主人公不同大小、不同形态来表达故事的发展线索;还有的是通过一些简单的符号激发孩子想象力,等等。让孩子了解阅读的特点,会帮助孩子理解人、事、物、环境等。

对于大班孩子来说,"悦"读与表演是核心目标。学会在宽松的状态下享受阅读的过程,会把书中的故事内容通过自己的理解、加工重新表现出来,并富有自己的真实情感,这是孩子对世界的独有认知。

阅读好习惯养成的方式,最简单的办法是——亲近图书,视书为友。

爱读、会读、"悦"读。这三个关键要点是孩子以图书为载体的认知发展和语言发展过程,也是幼儿对图书从陌生到熟悉的过程,更是幼儿专注、主动、安静、自控良好学习品质获得的过程。北京大学中文系资深教授钱理群老先生指出,当前教育的最大问题,是大家都不读书。他说老百姓有一个最朴实的说法:孩子上学,就是"去读书"。引导孩子读书,是教育的根本职责。要提升教育的效果,就要重新营造自由读书的条件、环境和气氛。

(三)好习惯养成的家园共育策略

关注孩子阅读习惯的培养,给孩子提供一个属于自己的阅读环境。有条件的可以给孩子布置一个娃娃空间,里面有玩具区和图书区等,这个空间布局可以征求孩子的意见和想法,空间的收拾整理可以由孩子自己负责,让舒适、心仪、整洁的阅读环境成为孩子的自主空间,从而爱上阅读。如果没有条件,可以定期到图书馆或到书店借书、寻书、阅书、看书,让孩子珍惜阅读的机会和时间。

购置一些孩子感兴趣的绘本和名著。征询孩子的意见,尊重孩子的想法,帮助他们去选购或借阅喜欢的书,至于是有字书还是无字书、是故事书还是科普书、是纸质书还是布艺书、是国内出版的书还是国外出版的书都无关紧要,但一定要选择中外优秀的文学作品。另外,对于购买、借阅数量和频次要依据孩子的需求,不能盲目,否则孩子不会珍惜图书的来之不易。

留有一定的阅读时间,可以是固定的也可以是随机的。让阅读成为一种习惯,是家长和幼儿园共同要做的大事。您与孩子共读,可以建立良好的亲子关系;与孩子一起析读,可以帮助孩子发现、熟悉、理解书中感兴趣、有意义的内容和线索,延迟孩子继续阅读的兴趣;与孩子一起赏读,可以帮助孩子拓展、联想、迁移现实生活中有关联的东西,丰富孩子的认知体验;与孩子一起践读,帮助孩子把书本中的做法、想法转换成孩子现实的做法。与图书建立良好的友谊,让书香成为家庭生活的重要组成部分。

五、爱思考好习惯

(一)爱思考好习惯是什么?

对周围的人、事、物、环境等产生好奇,有探究的欲望,善于发问——是什么、为什么。愿意尝试用自己的办法解决问题。

(二)爱思考好习惯与孩子健康发展的关系

1.爱思考的孩子喜欢观察,观察力和记忆力表现突出,想象力丰富,头脑中灵动的想法多,表现为很自信、很活跃。

2.爱思考的孩子表现主动、积极、坚持,能有条理地完成一件事,性格内敛、理智行事。

3.爱思考的孩子容易形成对事物的完整认知,能厘清整体与部分的关系等,知道什么该做,什么不该做。

(三)爱思考好习惯培养和养成的方式、方法

爱思考好习惯在不同年龄班培养的重点和内容。

对于小班,能从简单事物中找关联。比如能通过与人、事、物建立联想的方式培养孩子主动思考的习惯。学会指认,多问是什么,像什么,叫什么。

对于中班,能在比较复杂的事物中找关联。比如通过比较、归类、配对等方式培养孩子思考的习惯。学会建立现实与抽象的关系,多问可以变成什么,说说为什么。

对于大班,能在一项完整的任务中找关联(一项完整任务涉及时间、地点、方式、人物、内容以及与自己之间的关联要素)。能通过计划、准备和实施等环节培养孩子爱思考的习惯。学会对事件全程全要素的思考,多问怎么办,并说出自己的理由和想法等。

爱思考好习惯养成的方式重点是:利用生活中的"点点滴滴"引发孩子多看、多想、多问。

(四)爱思考好习惯的家园共育策略

首先,引导发现,丰富经验和信息,让孩子体验学习的乐趣——爱上思考。比如:看到天上的云朵,像什么,在干什么。看到身边小朋友的表现,会问孩子觉得他做得好吗?为什么?应该怎么做?看到一个图形,我们思考可以把它变成什么?等等。

其次,提供空间,静心等待,让孩子有沉淀和思考的机会——静心思考。比如,当问题提出以后,给孩子一定的时间,让问题有入脑、入心的加工过程。是什么(认知)?对不对(价值判断)?自己的理解(形成新的认知)。

再次,善借时机,交代任务,让孩子有独立完成任务的机会——完整思考。比如:学会做计划——主题"怎么做才是有礼貌的好孩子"?情境:奶奶过生日,我们要做些什么?家长可以给孩子提供一些线索,要给奶奶准备什么礼物?去哪里置办?要怎样表达自己的祝福?还可以引导孩子自己有独特的想法。生活中处处是教育,处处是学习,处处都可以引发孩子的思考。关键看我们成人对孩子的引导是否及时、到位。

以上五种习惯聚焦了学前阶段孩子成长需要着重培养和逐步养成的行为习惯。学前儿童接受教育的方式是生活化的,要在生活中善于发现教育契机、抓住生活的"点点滴滴",日积月累,在家园共育的有效鼓励、长期坚持和协同一致的要求下,孩子们会逐步养成"我知道、我能做、我会做、我爱做"的良好习惯。

以上这些内容对于成人来讲看似容易、看似无足轻重,但是对于孩子健康成长来讲是至关重要的。最后希望您的孩子具备以上好习惯,同时也让好习惯能成就好孩子一生的幸福。

第五节 家园共育,孩子是重要的动力源

著名幼教专家陈鹤琴曾说:"幼稚教育是一件很复杂的事情,不是家庭一方面可以单独胜任的,也不是幼儿园一方面可以单独胜任的,必定要两个方面共同合作才能得到充分的功效。"家园关系直接影响幼儿的发展质量和园所保教质量的提升。让家长满意、放心成为园所开展家园共育工作的突破口。

一、聚焦家园共育的重点,明确促进幼儿发展是家园共育的主攻方向

切实关注幼儿的健康成长应是家园各主体为之努力研究的核心。明确"敬畏生命,以孩子的视角做教育"、从幼儿的实际需求和困难出发,以幼儿胜

任为标准,以方便幼儿生活为基本理念开展幼儿园保教服务工作。利用家长会、日常主题活动交流、个别案例分享等形式,让教师和家长明确我们的目光应放在孩子的健康成长上。使幼儿成为主动发展的人,独立人格的人,特别是要学会思考、学会做事、学会共处,等等。

二、聚焦家长切实关注的需求,明确支持幼儿发展是家园工作的重要内容

家园工作的难点在于没有建立良好的情感沟通平台,彼此对各自的期待、要求无法通过适宜的渠道进行沟通、疏解,以至于家园合作处于比较被动的状态,导致沟通受阻、正常的教育延伸无法进行。基于对家长的实际需求所做的调研,发现大多数家长对于孩子的教育理念、方式方法上存在极大的差异:一是崇尚西方自由散养任意而为的,他们觉得要充分尊重孩子,树大自然直;二是秉承中国传统礼仪之邦、重习惯养成的,他们觉得应该立足国情和价值观培养孩子,要有规矩,懂得控制自己的行为,为自己的行为负责。家长对孩子培养所持理念、方法虽有不同,但爱孩子、希望孩子比自己好是共同的心愿。为此,我们以敬畏生命、尊重、支持为切入点,将家长的想法、做法引向能否真正促进幼儿发展的内容上。

一是在新生入园初期,通过制作微视频的方式,让家长和幼儿了解幼儿园是什么样子,孩子在幼儿园要自己做的事情,具体开展的活动以及可能会遇到的问题。因此,有效解决了入园适应中的家长工作和幼儿心理准备。

二是通过教师自制原创绘本的方式,记录幼儿在园生活中的所思、所想。幼儿的生活体验是后期教育活动迁移、拓展的载体,也是教师与家长研究幼儿的共同话题。比如,我们的原创绘本《小不点的大问号》,老师清晰地记录了幼儿来园后需要独立吃饭、盥洗、午睡等日常生活情景,孩子因为没有离开家人而独立面对集体生活的体验,所以"问题"多多、"问号"多多。同时将孩子内心的焦虑、惊讶、惊喜、胜任、心喜等情绪完整表达,以帮助幼儿了解自己、成长自己、确信自己能行,也帮助家长从幼儿心理视角正确看待幼儿不爱来园的真实原因。

三是当需要家长积极配合时,教师转换沟通视角,把目光锁定在幼儿的健康发展上。比如，关于幼儿早上来园迟到的问题，教师先是对幼儿进行积极引导，提示幼儿早一点起床，按时来园与小伙伴们一起游戏、一起早餐。可是，这种方式见效不大，表现极其不稳定。老师主动与家长沟通，说明来园迟到会给孩子带来的危害：首先，幼儿园的集体进餐时间是25～30分钟，这时教师会全身心关注孩子进餐，包括餐食餐量、餐具使用以及幼儿进餐表现，此时老师无法及时接待个别幼儿来园，您和孩子需要等待；其次，孩子来园迟到一切工作还是要独立完成，但是因为时间仓促导致孩子进餐情绪不稳定，又急于和小伙伴们一起游戏而导致进餐快，长期这样的话会影响肠胃的正常运行。为了孩子的健康，请您提示、协助孩子按时起床、准时来园。由于沟通视角的转换，让家长理解了老师对孩子心理、身体等细节上的关注、关心，自然家长也就配合老师的工作，共同促进了幼儿健康成长。

三、聚焦家园共育的动力源，明确幼儿的亲身体验和实际表达是家园工作的突破口

多年来，家园工作方向、内容和质量提升基本呈现的是形式和手段的变化，虽耗力费时，但从根本上没有解决家园共育的核心问题——老师苦心沟通、用心撰写家园联系卡、疲于应对家长"无礼"的询问和挑剔。为了有效解决家园沟通的有效性问题，我们工作的重点放在了用心支持幼儿真实体验、完成表达上，帮助幼儿回顾、梳理在幼儿园一天生活中的点点滴滴。教师用心、诚心，幼儿开心、顺心，彼此心灵暗语的流动、流淌成为家园共育工作质量提升的核心点。即，每天离园前，老师跟孩子一起回顾一天生活中有趣的事、变化的事、有进步的事。这样一方面帮助幼儿回顾自己感兴趣的事，一方面为幼儿回家后与家人的沟通提供了有意义的素材。

家长最相信自己孩子的话，做到让孩子无须外力引导而主动流露、完整表达是教师专业水平和家园共育工作的重要切入点和落脚点。良好的家、园、班级的融洽关系让家长的担心、担忧从润物细无声的工作中自然化解。

家园共育的重点应是育心，只有心灵相遇、心灵陪伴、心灵滋养，才能高效完成家园工作。家园共育的方式应是化育，无须成人更多的语言表达，应落位真实的幼儿发展中，让孩子主动、健康、自信的发展成为家园共育重要的动力源。

第六节 免费社区早教的新尝试

向社区0~3岁婴幼儿提供免费的早教指导与服务,在北京、上海等地已经开展多年。传统的活动形式多是发放早教月刊、开放幼儿园的户外场地与设施、定期送教下社区,这些免费服务虽然覆盖了相当多的婴幼儿家庭,但系统性欠缺,孩子和家长得到的帮助比较零散。婴幼儿的成长有其独特的规律,需要系统地追踪、评价和指导,只有在遵循其发展规律的基础上持续调整外部环境,才能科学有效。而面向社区开设免费亲子班一类的定期指导活动,尽管加强了早教指导与服务的系统性,但又会给幼儿园造成很多额外负担,造成幼儿园只能要么减少免费活动的次数,要么占用教师的额外休息时间。如何更好地开展免费社区早教服务,让其长期有效地运行下去,我们从运营机制、日常管理、师资培养和课程建构等方面,进行了一点思考和探索。

尝试一:全员动员,充分重视。

我们将早教工作纳入全园整体工作范畴进行管理,将早教视为园所文化品牌建设、教育服务功能拓展、教师专业成长等方面的新起点。园所文化品牌建设需要社区支持,而早教是对社区的主动融入和回馈。我园的前身是"崇文托儿所",2011年9月才更名为"崇文幼儿园"。虽然教师对小年龄段幼儿的教育有着丰富的经验,但很多家长对托儿所的认识却局限在带孩子上,并没有信服教师的专业性。要获得社区家庭的认可和支持,我们决定开放办园,面向社区开办免费的早教小时班,让更多的家长了解幼儿园的办园质量和办园理念,从而赢得口碑。"免费活动"不是敷衍,更不能流于形式,应该是实实在在为孩子们做的一件好事。我们将追求质量的理念在全园普及,让所有教职工达成共识。

尝试二:全盘考虑,整体运营。

向社区的孩子和家长提供"免费"的早教活动对于园所来说,必然产生一定的运营成本。资金方面,我们依靠教委和社区的支持,同时积极主动提高管理效率、精简管理成本。场地、人力方面,我们最大限度地整合了园所的常规工作和免费社区早教工作,节约了成本。如果面向0~3岁婴幼儿家庭的社区早教与面向3~6岁幼儿的集体性托幼服务没有得到有效整合,各自规划和运营,那么作为常规工作附属的社区早教工作必然无法长期开展下去。根据开办托班的经验,我们调整了班级设置,在整日班、半日班、周末亲子班的基础上,增加了面向社区的免费小时班。面向3岁以上的幼儿,我们提供了整日班服务;面向2岁半到3岁的幼儿,提供了从周一到周四的半日班服务;面向2岁到2岁半的幼儿,提供周末的亲子班服务;面向社区散居的0~2岁婴幼儿,则在周五,利用半日班空出来的活动场地,提供免费的小时班服务。多种办学形式让更多的孩子走进了幼儿园,也让更多的0~3岁婴幼儿家长得到了系统的指导。这样一下子解决了免费社区早教活动的场地和师资问题,这也是免费活动可以长期开展的最重要因素。

尝试三:活动系统,追求质量。

社区小时班的课程体系建构对保证质量起到十分重要的作用。时间安排上,我们固定为每期4个月,每月4周,每周1小时。活动结构上,我们安排每月1个主题,每周1个要点,每周对幼儿组织1次集体活动,对家长给予至少一个指导建议。内容上,我们根据婴幼儿的年龄特点和关键期发展目标,侧重组织动作发展、语言发展和情感发展的活动。社区早教活动课程整体呈现出"三结合"特点——婴幼儿活动与家长指导相结合、医教内容相结合、园内外资源相结合,保证了免费活动的质量。

尝试四:全园培训,形成梯队。

尽管利用半日班的师资,暂时解决了开班带来的师资压力,但要想长期做好免费的社区早教活动,还需要教师梯队建设。为此,我园要求管理者和一线教师逐步都接受早教培训,目前培训覆盖率已达到73%。这样既为我园早教工作的开展提供了师资保障,也使教师的专业知识储备更加系统,推动教师更好地观察和理解3~6岁幼儿,做好保教工作。

其实,开办免费社区小时班最初是受小区居民扎堆带孩子晒太阳的常见情景启发。每天重复的一幕被我们这群教育工作者捕捉到,并规划出一系列的早教指导与服务,希望我们的尝试能造福社区,也让我们自己在专业性上迈出一步。

第五章 教师管理与实践的研究

幼儿园文化建设中的关键要素是"人",如何以教师需求为切入点开启管理新模式,让教职工心安、身安地投入到工作中,真正体会工作给成长带来的自信和喜悦呢?园所改变管理模式,深入教育教学实践一线,结合教师实践提供支架,让教职工成为自我发展的主人,体会在工作中为自己成长负责的重任。

第一节 "医教整合"促幼儿健康成长

崇文幼儿园在"构建生态家园,培养健康人"这一目标引导下,打破了传统管理方式,将管理岗位划归为"二线",使其不仅能进行战略指挥,更担负起了后勤保障职责。将食堂、保健室、保教工作室等部门的职责范围划归为"一线",重点是全面了解幼儿,深入开展"医教整合",把对幼儿的健康培养变为现实。保教医和教师"跨界"实施"医教整合"。

在传统的幼儿园管理中,幼儿的晨检、健康筛查、进行膳食分析评价等工作通常只由保教医来负责。但实际上,在幼儿的一日生活中与之接触最多的还是带班教师,丰富的专业知识和实践经验,让她们更熟悉每个孩子的特点。如果将保健医的卫生保健知识和技能与教师的专业知识结合,共同指导幼儿生活,就能更有效地提高幼儿的一日生活质量。崇文幼儿园在"寻找幼儿健康成长的膳食营养与保育服务"项目研究的指导下,将保健医江宁派到班级做保育教师,与班级教师们共同研究幼儿教育、生活,不断把握医中有教、教中有医的关系。江宁撰写的《保教管理中的"三看"》一文中,体现了从教育的角度如何进行保健管理。

一、引进儿心筛查实现"教中有医"

崇文幼儿园对小班和中班所有儿童进行了"0至6岁小儿神经心理发育筛查"。园里先后两次邀请专家对教师们进行专业培训和指导。依据筛查结果，专家给予教师专业分析与指导，并通过"一对一"座谈，与每个家长进行深入沟通。通过儿心筛查，让教师们能够正视孩子的发展。例如，对小班60名幼儿测查结果表明，幼儿们的精细动作明显低于正常年龄段的标准，教师们认真分析了原因：现在的孩子大都是独生子女，吃喝穿用玩都是父母一手包办，孩子自己动手的机会很少。针对这一现象，教师们就从玩具投放和课程调整等方面入手，将大量锻炼精细动作的内容融入孩子们的教育、活动环节，同时积极支持和帮助家长提高保教能力，争取家长的主动参与。幼儿园左昱老师对此深有体会："开展医教整合，让我们掌握了第一手科学数据，为实现科学保教提供了坚实的基础。"

二、带班教师"跨岗"让孩子吃得更健康

医教整合的另一项措施，就是让班里的三名骨干教师带着课题走进食堂，从规范管理、细化操作流程入手，分别以"面点制作多样性""分餐的适宜性"为研究主题。目的就是"要让孩子吃得营养、吃得健康、吃得舒服"。

每年9月新生入园，往往有情绪不稳定、进餐存在障碍等问题，教师依据带班经验提供适合新生特点的食谱。"多年的带班经验，让我们更了解幼儿，孩子进食量除了与进餐环境、进餐情绪有很大关系之外，老师对孩子的呵护和引导更重要。"就像幼儿园杨静老师说的那样，在分餐过程中，教师要从孩子年龄特点、进餐差异中的合理分配以及情绪调整等多方面思考。研制大小不同的饺子，让不同年龄段的孩子吃起来更有趣。"每月一次自助餐"，让孩子们用自己的餐盘自主取餐。活动前，教师对幼儿进行"三礼"教育，利用进餐过程培养幼儿的礼仪、礼貌和礼节，从而养成良好的进餐习惯。

"医教整合"实现了保育、教育、膳食、保健的全面整合，让研究成果直接融入幼儿的健康成长中。跨岗交流中人员、岗位、优势的全方位互补，让"科学保教、科学膳食"的理念根植到研究团队中，让医中有教、教中有医成为教师研究中必不可少的一部分。

医教整合给我最大的感觉就是特别新。持续做下去,他们一定能够让我们看到更多成果。目前大家多在研究幼儿教师的专业发展,能够开展医教整合研究的园所并不多见。教师进食堂,保教医生到班上,这些做法都是围绕孩子发展,大胆而富有创新,这与以往我看到园所和机构的改革都不一样。能在这里上幼儿园是一件幸福的事情。

第二节 解放"蜘蛛人"的管理策略

幼儿园的"蜘蛛人"这一现象目前很是普遍,分析其原因主要体现在以下两个方面。

原因1:来自管理者对环境育人理念的认识程度不到位,对环境创设中幼儿发展与教师成长的意义认识不到位。主要表现在:重教育教学实践指导,轻环境创设的实践研究;重工作布置检查,轻指导研磨;重成人视觉的整体美感,轻幼儿的真实情感;重管理评价结果,轻思维互动过程。

原因2:来自教师对环境创设的目标意义认识不清晰。主要表现在教师形成了固定的思维、工作习惯,工作态度一般是上有布置、下有行动,工作中欠缺理性思考,无形中成了忙碌的"蜘蛛人"。

如何让教师与幼儿在环境创设上能说了算,如何让管理者退回环境创设的助手这一角色呢?为破解这一难题,我们在管理实践中积极贯彻与落实《指南》精神,把师德教育的核心落在"关注幼儿生命、关注幼儿生活、关注幼儿成长"的价值观培养上,从儿童观入手,解决教师不敢放手的思想根源问题。同时,我们清晰认识到,管理者对教育实践的要求,作为指挥棒决定着教师行为的方向、途径与质量,管理者的有效助力是教师回归幼儿真实生活的有力保障,进而进行了一系列助力教师的管理改革。

改革1:提出"减负优质"的工作目标,帮助教师找准方向,为孩子构建好的环境。

"减负",是指减掉与幼儿学习发展不密切相关的不必要内容。"优质"是指有效教育策略与幼儿适宜性发展高度相关,其核心就是关注幼儿的真学习、真发展,让新的面貌成为幼儿发展需求与心灵状态的映照。

为此,我们共同明晰正确的教育观念,共同探寻"教育是促进幼儿主动发展成为有用的人"这一真谛,引导教师从外观形象转向内观发展,由关注墙面美化、可视性到关注幼儿的学习与发展过程,关注幼儿成长经历,关注幼儿在生态环境中的主动参与,真正让环境创设与幼儿发展融为一体。

改革2:转化环境创设的具体要求,帮助教师找准落点,为孩子搭建与环境互动的桥梁。

"转化"是指将抽象的文字概念分解为教师实践中可操作的核心要点,让环境创设中渗透着管理者与教师、教师与教师、教师与幼儿、幼儿与家长的整体有效互动,最终作用于幼儿的真发展。

具体落点包括:环境创设的独特性——聚焦特点,引导教师要关注本班幼儿的年龄特点、个体差异、班级幼儿现阶段的发展需要以及教师对幼儿发展与导向的理解。环境创设的主题性——聚焦思想,引导教师思考环境创设中要干什么,要传达什么,幼儿通过环境互动可以接收什么,转化什么,收获什么。环境创设的互动性——聚焦情感,引导教师关注幼儿的思维互动、情感互动,变"似动非动"为"形动神动"。

改革3:跟进教师实践指导,帮助教师找准实施策略。

"跟进"是跟踪推进教师思维过程与实践过程,帮助教师调思维、理思路,有效推进教师的专业化成长。

聚焦小班幼儿的年龄特点和发展需要,让小班幼儿在自理活动中提升自我意识与能力。我们引导教师从幼儿自理进餐、自理如厕、自理入睡等几个基本生活环节入手,通过"我喜欢""我会了""我笑了"等几个步骤引导幼儿在力所能及的活动中自信地成长。

聚焦中班幼儿的年龄特点和发展需要,让中班幼儿在自立活动中提升独立意识与能力。我们引导教师从幼儿做值日生、服装整理、叠被子等几个基本生活环节入手,通过"我会做""我能做""我愿意做"等几个步骤引导幼儿在操作中体验成长的快乐。

聚焦大班幼儿的年龄特点和发展需要,让大班幼儿在自主活动中提升自主选择意识与能力。我们引导教师从幼儿自我时间管理、自我物品管理、区域游戏中的自我选择与管理等几个基本生活环节入手,通过"我选择""我操作""我发现""我改进"等几个步骤,引导幼儿在有选择、有想法的活动中体验自信。

在环境创设中,评价管理者对教师的助力是否有效要看以下两个方面:看教师,教师是否从"茫然"中走出来,从忙碌中稳下来,从盲从中自信起来;看幼儿,幼儿是否主动参与生活,主动呈现生命成长,等等。

第三节 交白卷的新老师——关于压力的破解

一、案例背景与描述

革新里幼儿园是一所新建园,2019年9月刚刚迎来第一批小班幼儿。14名在编教职工和7名外聘人员承担着园所所有的日常工作。面对新组建的团队、新上岗的教师、新任管理岗的干部、新建成的园所,大家除了有美好的愿景,其他的都要从头开始,相互磨合,建立属于我们自己的文化价值体系、管理组织机构、工作质量标准等。每个成员在新环境、新团队中寻找着自身的成长空间。然而在大家一起定方向、寻目标、树形象、担使命的实践活动中,美好的期待伴随着现实的困境,一种油然而生的"不开心"弥散在这个崭新而稚嫩的团队中。

一天傍晚,两名干部在研究着教师们的活动方案:"今天袁老师交了白卷!"保教主任说。"啊?什么情况?"副园长说:"刚才,我去食堂检查工作,出门时发现小袁老师在食堂门前擦眼泪,于是问小袁老师怎么了,小袁老师说找我聊聊,于是我将小袁老师带进屋里查明原因。"她一边委屈地哭,一边擦拭着眼泪说道:"期末工作特别多,要写活动计划、每日反思,要组织新年活动,布置主题环境,还要为新年亲子活动的家长会做准备。这些内容太多了,多到我每天加班都做不完,我感觉压力太大啦!我做不了!"

二、案例经过

事件引起了管理者的注意。两位干部针对这个情况进行了及时的沟通,尽可能在过程中寻找问题的症结。经过细致地分析,发现对于经验型教师来说,他们会很自然地接受工作,并开始梳理调整近期工作的主线内容,当然他们同样有压力,而这种压力源则是如何把工作条理化、成效化。然而对于新教师而言,他们会对工作内容与工作量有抵触情绪,同时对于自己从未参与的内容,要以一种观摩的形式呈现,心中没底,压力无穷。压力大背后的原因有如下几点。

1.角色的转变。从学校毕业到幼儿园,由学生转变为老师,环境与身份截然不同,这种角色的转换对于新教师来说需要适应,转换和适应的过程具有挑战。

2.原有的知识结构和教学观念远远不能适应要求。学校学习的知识在幼儿园的教学实践中不能很好地运用。理论学习不能联系工作实际,出现脱节与断层,由此刚毕业的学生面对教育教学经常束手无策,很难进入角色。

3.在新的环境中对于每位新教师都是新起点。一所新建园,大多数新教师同龄且同时步入工作单位,不甘于落后,上进心强。但是每个人的能力和知识储备不同,所以就出现了不同程度的差距,情绪上也会有波动。

4.无从诉说。教师在教学中遇到挫折,不敢和教学主任倾诉,怕影响自己在教学干部心中的形象,认为自己没有能力,所以看到负责园务保障工作的副园长后,进行倾诉也算是一种减压方式,释放自己心中的压力,让别人理解。

三、案例分析

(一)从管理者的视角看工作推进

1.针对工作安排。一是公办幼儿园的日常工作是每学期要进行学期工作考核,对本学期教育教学做质量评估,根据评估结果调整新学期工作计划。另外,根据每名教职工完成工作情况进行绩效奖励。二是十二月份重点工作是迎新年主题系列活动,邀请家长参与幼儿的新年活动,因此也会把幼儿近期的发展与家长进行有效沟通。

2.针对管理者表现。一是保教主任针对现场工作布置的情况做了回顾——

说明了工作开展的目的、任务、完成的时间节点及具体要求。二是询问教师在会场的感受——教师们没有人提出自己的困惑或疑问。

3.针对教师日常表现。一是袁老师一个月前在接受由保育教师到承担带班教师工作时,态度积极、表达肯定,没有感受到教师的抵触。二是日常班级巡视时,袁老师一直是围绕在幼儿身边,可亲可爱的形象备受孩子们的喜爱。

基于以上的情况分析,没有找寻到问题的原因。到底是什么原因导致出现新老师交白卷的情况呢?

(二)从接受者的视角看工作承受

1.针对新教师整体进行分析。一是新教师学历高,但专业技能储备不足,面对幼儿的行为不会分析,导致手足无措。二是新教师都是90后,独生子女的承担意识与挑战自我的能力欠缺,还没有从学生角色转换为工作角色。

2.针对教师个体进行分析。一是教师本人承担带班教师工作刚刚一个月,工作经验和历练不足,面对考核和系列新年活动无从应对。二是教师本人生活条件优越,希望做事完美,在团队中树立良好形象,面对众多工作无法控制和调试好自己的情绪。

(三)从园所生长的视角看管理调试

1.针对出现的行为进行分析。一是真实的行为表现呈现了新教师、新干部的特点:想干好但不知道怎么才能干好。二是专业发展愿景与现实脱节,特别是遇到"困难"时,不能自控。

2.针对行为的转化进行分析。一是以管理者主观的视角看问题就会埋怨老师不理解、不听话、没规矩。二是以教师的主观视角看问题就会抱怨管理者不通情达理,不体会教师的实际工作。

如何处理好、协调好新教师、新干部、新园所的关系?如何帮助每一个干部、教师走出困境,走出情绪与压力的阴霾?

四、应对策略

1.干部进行反思,寻找策略——对自身的工作思路、方法、策略进行分析,寻找自身的改进方向及完善策略。针对新干部把握工作节奏和调整心态的技巧进行了指导。

2.召开说明会,建立团队共识——针对考核工作和新年工作的安排的重要性和必要性进行解读说明,帮助新教师建立工作规范意识。针对新园所筹建与自身聘任合同签订的重要性做了说明,保障新园所建设过程中教师能够积极主动地应对工作挑战。

3.组织研讨会,学会分析问题——利用思维导图,帮助教师进行问题查找与疏导,使教师在现实情境中学会自我情绪管理与自我行为调控:教师在绘制与交流思维导图的过程中,对自我的压力源的寻找以及适宜的调整方式有了认知,特别是在梳理自身职业形象在团队中的影响这一环节时,教师们认识到了自律、自控与自身专业持续发展的重要性。

4.推荐名言警句,唤醒内驱力——筛选适合教师阅读的名言警句,帮助教师寻找自身的生长点。

5.丰富活动内容,补给动力缺失——组织职工开展手作活动,帮助教师体会教师工作生活的多样性,从而缓解工作压力,帮助新教师尽快做好角色转化。

五、案例小结

任何一个园所,建立之初必然会出现各种问题,遇到问题及时分析、寻找原因。继而多路径应对,整体性推动事件完善,寻找适宜策略。久而久之就会形成园所的相应机制,园所发展也会越来越顺畅。

第四节 幼儿园教师集体教学活动中的实践与思考

一、幼儿园集体教学活动内涵及存在的问题

(一)幼儿园集体教学活动的内涵

幼儿园集体教学是和"一日生活活动""活动区活动"相配合,共同构成幼儿园生活的一类活动。

从活动性质看,集体教学分为预成与生成。预成活动是教师在实施之前设计好的。教学方案的内容、方式相对固定,它关注的是目标的实现,方案设计中为达到目标而环环相扣,关注的是幼儿的集中思维。设计与实施是分离的,从评价上看往往是终结性的。生成活动是在师幼互动过程中,通过教育者对儿童的需要和感兴趣的事物的价值判断,不断调整活动,以促进儿童更加有效学习的活动,特点是相对动态的、随机的。设计和实施是不断形成和发展的。过程中关注的是幼儿的发散思维。

从活动类型看,集体教学分为单独和系列主题。单独:独立的、有计划的分段教学;系列主题:基于核心概念或与中心思想相关联的成系统的教学活动。

从活动方式看,全班:学校的基本单位,一群学生;小组:为工作、学习方便而组成的小集体。

从功能上看,分为两个维度:一是活动内容与方式的选择上,强调唤醒与衔接。唤醒——激发幼儿的学习兴趣;衔接——与幼儿已有的经验相联系,贴近幼儿的生活。二是活动目标的制定,强调引领性和系统性。引领性——走在发展前面、引领发展;系统性——集体教学的内容和顺序符合幼儿学习与发展的特点和规律,获得相对系统的经验。

(二)幼儿园集体教学活动存在的问题

从教师现状看,幼儿园工作内容琐碎、重复性强,貌似没有什么技术含量,导致教师对专业研究不够重视。日常工作中老师知道干什么、怎么干,却不知道为什么干。教学活动中内容多、做法多、材料多,但理念支撑不清晰、教师和幼儿发展的落脚点不清晰。教育教学经验碎片化,对问题的认识表面化,教师在无形的实践中成了教育的"搬运工"。

主要的问题表现为:一是集体教学的功能定位不准确,与日常生活和游戏的关系和联系不清楚。二是各领域的教育目标定位不清,核心价值难以体现。大而化之,凭着感觉走。三是幼儿在各领域的学习与发展目标把握不准,重知识技能,轻情感态度以及学习品质的培养,传统教学观念强。四是教学内容"含金量"不大,与培养全面发展的健康儿童目标差距较大。活动内容之间的关系不清晰,多是拼摆不是整合。五是教学过程中互动方式单一,启发引导不足,教师有效反馈较少。六是教学方法单一,对已有资源的利用不够充分。

(三)从活动设计中寻找对策

"三思"——思想、思维、思考的欠缺是教师在教学活动中存在问题的主要原因。主要表现在：一是理念定位上，教师对集体教学活动是什么，为什么开展集体教学活动没有清晰、精准的认识，存在大概其的现象。且教师对其与幼儿的关系认识不到位。二是设计思路上，教师在设计活动时，重活动内容、形式呈现，轻活动价值的体现。很少考虑环节与幼儿发展的关系，文本设计中逻辑关系混乱。重点考虑教师怎么教，忽视幼儿怎么学，不明确用什么方式、方法支持幼儿主动探究发展，对幼儿的发展点也不明晰。三是资源意识上，教师在活动设计与实施中资源意识匮乏，不会整合利用。四是师幼关系上，教师在活动中构建的单向互动多，有效反馈少。五是教学方法上，教师在活动中方法单一，不能做到动静结合，导致幼儿注意力不集中。

具体案例1：中班讲述活动《我的愉快旅行》

活动目标：尝试用较连贯、完整的语言讲述旅行的简单经历；愿意参加讲述活动，体验同伴交流的乐趣。

活动重点：会说"我**时候""我和**去过什么地方""我乘**去的"等句子。

活动难点：能够用较清楚、连贯的语言，按照事件的线索进行讲述。

活动过程：环节一，情境表演——打电话，引导幼儿了解完整讲述事件的要素；环节二，结合照片讲述自己的旅行(重点句式的运用)；环节三，进一步丰富讲述内容。

活动延伸：用照片布置环境，幼儿自主讲述，为孩子提供讲述机会。

以上教案设计中存在的主要问题：一是活动内容的重点定位不够准确。二是活动过程关注教师预设内容，忽视幼儿感兴趣内容的讲述与交流。三是关注句式的学习，忽略过程中幼儿的能力、习惯与学习品质的发展。

对于幼儿发展的定位，特别是语言领域中的目标应聚焦《指南》中的中班语言领域目标，在倾听与表达方面，认真听并能听懂常用语言；愿意讲话并能清楚地表达；具有文明的语言习惯。在阅读与书写准备方面，喜欢听故事，看图书；具有初步的阅读理解能力；具有书面表达的愿望和初步技能。

具体案例2：大班社会领域活动《北京的蓝天》

活动目标：关注周围环境的状态，了解绿色出行的方法；萌发环保意识，为绿色出行做力所能及的事。

活动重点:知道绿色出行的方法。

活动难点:转变幼儿行为,为绿色出行做力所能及的事。

活动过程:环节一,动漫故事导入,了解雾霾加重的原因和对幼儿生活造成的影响;环节二,通过说、找、试、贴等多种方式,引导幼儿在生活中做有利于净化空气的力所能及的事;环节三,为北京的蓝天多出一份力。

活动延伸:①家园同步:制作记录清单,发动家长一起做,微信群交流;②园级拓展:全园开展"蓝天志愿者"活动,在每日来园、离园环节向家长及路人发放宣传单。

教案中存在的问题:一是选材视角单一,关注的内容视角多是成人的,很少以幼儿视角看社会现象。二是方法多是说教、感受,重让幼儿知道,忽略日常行为习惯的养成。三是忽视幼儿的情感教育。

对照《指南》中,大班社会领域目标:在人际交往方面,愿意与人交往;能与同伴友好相处;具有自尊、自信、自主的表现;关心尊重他人。在社会适应方面,喜欢并适应群体生活;遵守基本的行为规范;具有初步的归属感。

针对活动设计存在的问题,应对策略应从以下几个维度切入:一是加强理论学习,特别是对核心概念的深刻理解,力求做到精准、全面。二是转变思维方式,由点线思维转换为网状思维方式,力求内容方法的选择与利用能促进幼儿的全面发展。三是更新思维意识,特别是要充分挖掘身边的活动资源,建立整合意识和跨界意识;四是强化实践反思,特别是将实践成效与师幼全面发展结合起来,通过镜面方式思考解决路径和完善要点。

二、幼儿园集体教学活动的设计思路及要点

学会设计教案,为教师专业成长搭建平台,帮助教师"聚焦思想、清晰思路、深度思考"。引导教师成为教育活动的设计者、决策者和实践的主人,使其在实践基础上提升系统思维的专业能力。

集体教学活动设计:是课前预设的教学思路,是对准备实施的教学措施的说明。

明确活动设计思路及要点:从教育理念、发展脉络、适宜做法中梳理思路,帮助教师理清思维路径。思考为什么做、怎么做、做什么,使教育活动有魂、有骨、有肉。

(一)明确目的(干什么用?)

1.帮助教师全面了解幼儿需要与发展特点,保障幼儿主动学习与发展的有效性。

2.通过教学方案的实施审视教师自身观念是否正确、做法是否适宜,活动成效是否关注思维能力与学习品质的养成。

(二)梳理结构

其结构主要包括:活动名称、设计意图、活动背景、活动目标、活动准备(物质准备与经验准备)、活动思路、研究重点、活动过程(导入—展开—结束)、活动反思(优势、不足、调整策略)。

1.活动名称(年龄段+领域+活动形式+内容)。如:中班故事教学《金色的房子》;小班生活活动"好玩的袜球";大班主题绘画长卷"我的愿望"。

2.设计意图(宏观设计的想法)。

3.活动背景(社会生活、园级生活、班级生活)。如:六一儿童节前夕,大班幼儿即将毕业升入小学,结合园所六一活动开展主题为"我的节日我做主"系列活动,开展大班主题绘画长卷"我们的愿望"。

4.活动目标(知识目标+能力目标+情感态度价值观)。

5.活动准备(物质准备+经验准备)。如:环境、材料;幼儿已经了解了什么、感兴趣的是什么、幼儿已经学会了某种技能,具备了某种能力等。

6.活动思路(形式+内容+目标,每个环节之间的关系)。如:通过看一看,想一想,说一说,画一画的方式,帮助幼儿寻找绘本故事中自己喜欢的画面内容。

7.研究重点(方法、内容、材料的选择,情境与形式的调整)。

8.活动过程(导入+展开+结束)。

表2-5-4-1

阶段	目的	内容	教师支持互动策略					
			要求	方式	空间位置	时间分配	人员分配	反馈
第一阶段	经验导入							

续表

阶段	目的	内容	教师支持互动策略					反馈
			要求	方式	空间位置	时间分配	人员分配	
第二阶段	感知思维							
第三阶段	提升 总结 迁移							

关键要点:每个阶段体现思维逐步递增关系;整个活动体现整体与部分的关系、每个阶段重点与整体的关系。评价有效活动的四个过程:情感过程、思维过程、操作过程、表达过程。

9.活动反思(优势+不足+调整策略)。针对研究重点进行反思,反思视角是从幼儿的表现中提取有效信息。

三、幼儿园集体教学活动的案例书写:学会实践与评价

大班语言活动1《坚持到底不放弃》

(一)设计意图

1."把自主权交给孩子",让孩子在活动中有更多的选择方式、参与感及思维互动。

2.从幼儿的兴趣与发现出发设计活动环节,让幼儿体会是自己在主动学习。

3.教师明确各环节中幼儿的发展点和教师的关注点,便于有效持续观察幼儿表现,支持幼儿主动发展。

(二)活动目标

仔细观察画面,以"我"的发现为线索,让幼儿初步感受作品。

(三)活动准备

1.经验准备。大班幼儿对图画书阅读已经积累了一定的经验,能够从画面信息中读出自己的感受。

2.物质准备。图画书每人一册;A4白纸若干;水彩笔;白板一块;胶钉若干;计时器(1分钟、5分钟、10分钟);背景音乐。

(四)研究重点

1.活动组织过程中鼓励幼儿在画面中寻找自己的发现,通过不同形式帮助幼儿强化自己发现的内容及意义。

2.组织方式上采取自我阅读—自选同伴交流—自我发现记录—轮选同伴交流的方式,帮助幼儿感知、熟悉作品。

3.备课过程中,每个环节(教师提示、教师关注、活动方式)的细致思考,让教师更有精力关注活动过程中幼儿的表现。

(五)活动过程

1.导入部分。出示、欣赏图画书,唤起幼儿对《坚持到底不放弃》的阅读愿望,激发学习兴趣。

提示:幼儿认真、有序阅览,快速搜索自己感兴趣的内容。

关注:幼儿的阅读习惯。

方式:师幼互动的谈话方式。

反馈:幼儿快速搜索感兴趣的内容。

2.展开部分。通过自主阅读的方式,引导幼儿看图、观察、猜想,并筛选自己感兴趣的内容,梳理自己的发现。

(1)自主阅读,寻找发现自己感兴趣的内容。

提示:阅读时间5分钟;从前往后看,寻找发现自己最喜欢什么?思考为什么喜欢。

关注:幼儿的观察与猜想能力以及幼儿自主阅读中是否专注、安静。

方式:幼儿自主阅读,教师作为观察者主动发现幼儿的需求。

反馈:幼儿的阅读习惯。

(2)分享自己的发现,学会表达与倾听。

提示:分享时间4分钟,A说自己的发现,说一说为什么喜欢。B听对方的发现,想一想与自己有什么不同。

关注:幼儿同伴的选择;专注倾听、清晰表达以及幼儿思维的完整性。

方式:①幼儿自选同伴进行AB式交流,自选交流的场地,教师作为观察者记录幼儿的表现。②小组集体分享自己的发现。

反馈:幼儿交流互动过程中时间的利用以及幼儿专注、倾听的表现。

3.记录自己的发现,强化幼儿对自己感兴趣内容的记忆。

提示:幼儿通过绘画的方式记录自己感兴趣的内容,需要时可以借助绘本。8~10分钟绘画记录时间。

关注:通过绘画确认兴趣的真实性和延迟性以及细节特征的再现。

方式:幼儿利用简笔画进行自我绘画记录。

反馈:幼儿共性与个性的自我表达内容与方式。

4.共享发现,帮助幼儿了解同伴的想法和兴趣。

提示:重复同伴分享的游戏规则,选择不同伙伴,分享自己想法与发现。

关注:幼儿交流中的专注与倾听;幼儿自选过程中的表现是否自然、主动。

方式:幼儿寻找新伙伴轮流交流自己的发现。

反馈:时间的利用与活动过程中幼儿表现的流畅性。

3.结束部分。与幼儿分享教师的发现,进一步激发幼儿的学习兴趣,引出书名。

提示:观察两只小青蛙有什么不同。猜想我喜欢的原因。

关注:幼儿观察的细致性与联想的丰富性。

方式:师幼互动、同伴交流、集体分享的方式。

4.延伸部分。

(1)家园活动,请幼儿把书带回家与家长进行亲子阅读,幼儿在进一步阅读过程中收集自己感兴趣的问题,尝试寻找解决的方法。

(2)请家长把幼儿感兴趣的问题记录下来,与幼儿、教师分享。

(六)活动反思

优势:①把自主选择权交给孩子后,幼儿学习的积极性、主动性提高了,特别是改变互动交流方式后,活动中的幼儿自然、专注。如:开始部分,幼儿自选座位。中间部分,幼儿采取游戏的方式自选合作伙伴进行分享交流,以绘画的方式记录自己的发现,鼓励幼儿表达自己的想法和需要。结束部分,在背景音乐的伴随下,幼儿在游戏中轮流选择伙伴进行交流。伙伴间的交流专注、积极。②教师在活动组织过程中由讲课(讲话)到与幼儿互动对话的转变,让幼儿感受更加自然、亲切,活动自然、流畅。如:开始部分教师能够利用身边的资源(时间的认识)与幼儿巧妙互动,为活动中幼儿的时间管理做好铺垫。

结束部分:分享教师自己感兴趣的内容,与幼儿互动并产生共鸣。

不足:幼儿第一次在活动中融入时间概念,对活动中的时间管理效率还需加强。

调整策略:在日常活动中用巧妙地利用时间培养幼儿的专注力并提高做事效率。

集体教学质量的提升是每个参与者共同成长的结果,其核心是依托每个参与者真心的情感付出与行动。

第五节 幼儿园自主游戏的组织与实施

自主游戏是幼儿园一日生活中必备的教育环节,是孩子最喜欢的活动之一,也是教师比较难驾驭的环节之一。为此,深入师幼游戏现场,感知教师和幼儿的真实状态,以研究者、实践者、管理者的视角看幼儿园自主游戏的组织与开展。

一、回归游戏本身,思考游戏价值

游戏是幼儿最喜欢的活动,是幼儿学习的基本方式,这是教师在学习《指南》和《纲要》中得知的概念。实践中,教师习惯从游戏的组织形式、幼儿遵守规则的角度理解游戏,出现了教师主动、幼儿被动的局面。实际上,立足幼儿发展、从游戏体验中理解游戏的意义和价值才是教师真正要关心、要研究的内容。

游戏是幼儿学习最基本的活动方式。从幼儿视角解读游戏——应是有趣、好玩、有意思,可以产生身心愉悦体验的活动。幼儿游戏本身就具备自主性——自主选择,自主决策,自主体验,自主表达,是自主思维的完整过程,是自信的真实表现。幼儿自主表现的前提是具备一定的自控、自律、自觉意识,这样才能保障游戏的顺利进行。从教师视角解读游戏——应是提供隐性支持的研究活动;有真情陪伴的生活活动;有自然交流的学习活动,是开放性、民主性师幼关系的体现。

二、回归游戏现场,品悟师幼发展

游戏活动是师幼共同参与的低结构分散性的活动,能真实体现师幼关系,是幼儿学习品质培养与落实程度的再现。接下来,从以下几个维度阐述各参与主体促进幼儿游戏发展所应具备的意识、能力和习惯。

(一)从教师组织的维度看,教师应具备的意识与能力

一是相信孩子。这是教师尊重幼儿的起点,幼儿是游戏的主人,敢于放手让孩子自主选择定会收获孩子真实的体验。二是拓展经验。这是教师支持幼儿发展的关键,没有经验获得的操作是低效或无效的活动,不能称之为幼儿真正的游戏。三是随时变换。这是教师跟随幼儿成长所作的改变,是延迟活动兴趣,产生新经验的前提。四是环境营造。这是师幼关系最真实的呈现,是自然常态中习惯的再现。

具体看点如下:

1. 规则。是否开放民主,是否是孩子可以理解、可以运用、可以驾驭的。这是师幼关系的体现。

2. 内容。是否是孩子喜欢的、熟悉的,是否是可以引发思考与经验迁移的。这是尊重幼儿学习特点、延迟学习兴趣的体现,更是与幼儿一起主动探索学习的体现。

3. 空间。是否布局合理,是否便于幼儿活动、交流。这是保证幼儿安全、活动适宜的根本保障,与幼儿一起学会创造、学会变通,保障游戏活动的顺利开展。

4. 材料。是否可以根据孩子近期的兴趣和活动需要随时调整。这是教师顺应幼儿发展的有效支持。

(二)从幼儿发展的维度看,幼儿应具备的意识与能力

区域游戏中,教师如何定义幼儿角色是游戏活动中幼儿发展的价值所在。具体看点如下。

1. 主动的思考者。活动前幼儿是否有计划准备,知道自己玩什么,跟谁玩,用什么玩,对结果有简单预期。现实中,老师只关注结果,未能引发孩子的系统思考,幼儿不会规划自己的游戏时间、游戏内容。这是幼儿在游戏中不能持续专注的根本原因。

2.积极的探索者。游戏活动中幼儿对内容、材料、玩法是否感兴趣,是否能根据自己想法主动尝试,在活动中能保持比较持久的专注状态。

3.友好的合作者。是否能与幼儿一起游戏,交流自然,表现友好,出现问题会尝试解决。比如在自己多次尝试后依然不能解决时,会求助教师或同伴。在与同伴共同游戏时能够利用轮流、等待、谦让、猜拳决定的方式共处,等等。

4.自主的创造者。围绕自己的想法在游戏中能使用适宜的材料、空间、角色等进行加工、创造,能体现出是自娱自乐的自主活动。

5.清晰的表达者。活动结束后能主动分享经验,再现游戏情节,特别是大班幼儿能够清晰、连贯地表达自己的想法、遇到的问题以及解决的方法,等等。

(三)从教师参与的维度看,教师具备的意识与能力

作为研究者、实践者的角色认知是教师专业水平和教育智慧的体现。具体看点如下:一是心灵的发现者。这是教师对幼儿困难点和生长点的捕捉,是教师懂孩子需要的具体表现。二是安静的欣赏者。游戏过程中用欣赏的眼光和心态,营造轻松、愉悦的游戏环境是教师尊重幼儿的外在表现。三是默默的支持者。教师不能打断也不能主动插手孩子的游戏,尊重孩子游戏状态本身,给予一些辅助性的指点。比如递过一把剪刀、徒手做个示范等。四是耐心的倾听者。对于幼儿的表达、表演要耐心地倾听,了解幼儿的需要,满足孩子表达的愿望,给予适度、准确的鼓励。五是积极的游戏者。幼儿主动邀请参与游戏时的状态要饱满,积极与幼儿进行良性互动,让孩子觉得有意思,教师也要适时给予隐性指导。

具体实践中,教师关注游戏组织的全过程以保障活动质量和幼儿进行深度学习。一是活动前的引导。幼儿可以自主随机进入,也可以分组进入(小组协商后),这就要根据实际情况而定。这是日常循序渐进的功夫,是递进式的提示。二是活动中的发现。这是观察记录中的主要内容,是关于行为冲突,认知方式,材料使用,经验迁移等。教师发现后要支持、鼓励,这样做的好处是对幼儿学习与发展心中有数,是与幼儿产生新互动的前提。教师不会等待,不会欣赏是高控的主要原因。三是活动后的总结与提示。这要与活动前的提示相吻合,贯穿活动始终,贯穿班级规则和约定的始终。这是幼儿保持游戏兴趣、游戏秩序、游戏喜悦的必要环节。常用的方法:图片展示法,幼儿自述法,教师

总结法,现场观察法。这样做的好处是有"现场感,画面感,互动感",容易使幼儿保持兴趣,产生迁移。

(四)从模式建构的维度看,区域游戏的组织方式

一是可以围绕班级主题活动继续探索而生成的,是帮助幼儿形成整体经验的有效方式。二是可以按固定的模式进行区域游戏,这种组织方式看似多元、丰富,但不利于幼儿形成完整经验。教师需要对每个活动区的材料、发展价值、幼儿现有水平和实际需要了如指掌,而且能持续跟进幼儿的同步发展。三是可以采取组合方式进行,需要教师保持灵活性和创意性,是具有研究价值的活动组织形式。

(五)从评价维度看,管理者应具备的意识与能力

一是秉持的心态。尊重主体,遵循规律,尊重教育,走进现场,走进师幼教育生活,走进师幼发展各环节,真正感受游戏的意义与价值,是一件幸福和美好的事。

二是深入的要点。尊重、支持、发展是必要的关键点。

"尊重"是看教师对幼儿人格独立的尊重程度,是否能以"主动选择,主动思考,主动探究,主动分享"全过程体验为前提,缺一不可。

"支持"是行动,看教师行为是否立足幼儿发展视角,在参与过程中的方法是否可以及时切换,如"给、等、问、赞",其成果转换是否是孩子真实而正向的实际获得。

"发展"是结果,是主动的、多样的体验,能形成相关联的生活经验。

三是游戏研究的深度。研究环境:物质环境、人文环境。研究主体:教师、幼儿、本人。研究关系:师幼关系、材料与幼儿的关系。研究方式:幼儿的学习方式、教师的支持方式。研究内容:领域核心价值,以及概念的理解与运用。研究结构:支持性引导、支持性过程、支持性评价等,这是游戏活动中促进师幼共成长的主题开展与研究程度的体现,是教师收获专业经验的实践载体。也是标志着园所办园质量的突出环节。

三、回归实践案例,追溯幼儿发展

幼儿游戏中的观察记录是教师记录幼儿发展的真实过程,是教师研究幼儿发展的专业思考与实践过程。关于游戏活动记录,主要有以下三种方式可以帮助教师收集整理专业成长轨迹:一是专题性记录。针对专题做持续性互动记录,体现过程中的循序渐进(认知、行为、能力、习惯以及幼儿和家长的反馈等)。二是活动案例。其中包括背景、目的、内容、过程、思考与改进等环节。三是观察记录与反思,照片故事等。

小班案例《大炮坦克车》

一、情景再现

小班春季开学,班里投放了大块的拼插积木,有圆形的,方形的,H形的,还有很多对应形状缺口的小棍可以帮助连接。孩子们很快就对这种大块组合玩具产生了兴趣,因为成型快,易操作,孩子对玩具的热情度很高。晨晨起初只是和朋友们争抢着玩,见人家拿个圆形,他也拿个圆形,见人家将连接棒接到形状块上,他也照着做,就这样持续了一段时间。每天游戏后,孩子们都会把自己的作品放到玩具柜上展示,讲评时,师幼、幼幼间也会根据作品的外形、拼插的方法进行探讨、梳理、小结中帮助孩子提升操作经验。

一个周一的早晨,晨晨一来园就和老师、伙伴们兴奋地谈论周末见到的飞机大炮,原来是爷爷带他去了军事博物馆,见到了各种各样的军事战车。只见他见人就讲,逢人便说,本就发音不太清楚的他,拉着同伴一本正经、认认真真、滔滔不绝地讲,憨憨的样子特别可爱。区域游戏时间到了,晨晨依旧选择了拼插玩具,不过,跟之前的跟风行动有所不同,这次晨晨的目光没有停留在同伴身上,也没有关心身边的热闹事,而是专心坐在座位上,紧盯着积木筐里的拼插积木,拿起来比一比、试一试,又放下,换一块,再试……区域游戏时间很快过去,晨晨一动没动,直到游戏结束,他将自己的第一个作品放到了展示台上。

讲评时间,晨晨第一个举起了手,想要将自己的作品介绍给大家。这样的机会必须给小宝贝安排,我也很想知道,孩子钻研了那么久,到底想要创造出怎样的作品。只见晨晨大方地站在老师和小朋友面前,举着自己的"大炮坦克车",依旧用不那么清晰的言语,认真讲述着自己的作品。一时间,孩子们似乎都安静了下来,目光极力注视着前方鲜少发言的晨晨,努力听着他的每句讲述,大家都被他头头是道、条理清晰的创作思路震撼到了!孩子们不仅被他的作品吸引,更被他的大炮坦克介绍吸引。"这里是轮子,这里是驾驶室,这里是炮筒,这里是平台……"大炮的设计科学合理,真实再现孩子头脑中的景象。我惊喜地发现,孩子在自己的小世界里畅游,通过玩具变身创造者,打造了自己的专属大炮坦克车。

接下来的一段时间,晨晨继续沉迷在大炮坦克车的改进中。"坦克都能发射炮弹",这是晨晨现在的目标。在玩具柜里寻找适合做炮弹的玩具成了棘手的事。

"这个行吗?""嗯,太小了!"

"这个呢?""太大了装不进去。"

晨晨的标准严格,选材精细,最终,我们认定了一款数学区的牛角扣玩具作为炮弹。这款玩具自带一个小整理箱,每次在上炮弹的时候,晨晨都会从箱子里取一枚炮弹塞进炮筒里,连续多塞几颗,装满,炮弹就会从炮筒里"发射"出来了。由于炮筒是前长后短的设计,总不能保持水平,常常是一头装着炮弹,炮筒就自然垂落到桌子上,这怎么行?"炮弹要往天上打!要打坏蛋!"孩子对于发炮的目的非常明确,对于炮筒的不配合就更纠结,因此,晨晨停止了装炮弹,想办法抬高并固定炮筒位置。孩子找来两块积木垫在炮筒下面,一下子成功解决了问题。给发现问题、主动思考、积极尝试,最终顺利解决问题的宝宝点赞!

后续的游戏阶段,孩子更加关注大炮坦克车的真实性和操作的科学性。他将盛放炮弹的弹箱调到坦克车炮筒的后方,方便上炮弹。上炮弹时,再费力也始终坚持从炮筒后方送入,"这样大炮才能从前面发射出来"。"发射"出的炮弹随处散落,很多都越过桌子弹跳到了地面上,孩子干脆将弹箱挪至炮筒前,直接接住发射出来的炮弹……游戏不断深入,孩子的视觉认知和听觉认知,接连在操作层面得以实现和高度还原,这也是吸引孩子连续探索,持续改进,保持游戏超高专注度的关键和奥秘所在。

二、案例分析

(一)分析幼儿

1. 从游戏层面看孩子发展。

在整个游戏过程中,晨晨的探索操作分为四个阶段。

第一阶段:关注外形。

孩子尝试将零散的玩具材料,按照头脑中大炮坦克车的外形进行塑造。

在这个阶段中,孩子是自主的创造者。

第二阶段:关注功能。

游戏中,孩子不断调动自己已有的经验,丰富作品的功能性。

如找玩具替代炮弹,搭配弹箱等。使作品逐渐接近真实的大炮坦克车,过程中,充分展现出孩子动手、动脑的能力,是十足的主动思考者。

第三阶段:关注真实性和科学性。

装炮弹必须要从后往前,坦克上可以配备弹箱,方便随时上炮弹……

这些小细节足以证明孩子对于游戏真实性和科学性的思考与坚守。

清晰的游戏思路,体现孩子不仅是自主的创造者,更是积极的探索者、思考者。

第四阶段:关注实际问题。

操作中,孩子发现炮弹"发射"时,会散落得到处都是。

起初选择用自己的小手接住炮弹,但又发现一只手很难完成上炮弹的过程,并且很可能两只手正在上炮弹,前面已经"发射"出去,来不及接住。于是尝试了第二个方案,将炮箱调至前方,直接接住炮弹。

这个阶段,孩子能够主动地发现问题,积极思考和尝试,最终通过努力和探索解决了问题。

2. 从游戏时间和能力水平上看孩子发展。

晨晨的大炮坦克车游戏给了老师和同伴很大的触动和震撼。从孩子的游戏时间到解决问题的能力发展都远远超出孩子的年龄特点。

游戏时间:从孩子初探的20分钟,到研究、探索阶段的30分钟甚至40分钟,始终非常专注地沉浸在自己的游戏中。由此看出,宽松的自主游戏氛围下,只要是孩子感兴趣的游戏,且操作目标明确,孩子的专注时间便与年龄特点无关,可以持续增长。

解决问题的能力:游戏中孩子不断地发现问题、解决问题,并且主动思考,积极探索,这种表现接近中大班的孩子。由此可见,自主游戏刺激孩子迸发超越年龄的想法和做法。

对教师的启发：教师既要关注幼儿的年龄特点，又不能被幼儿的年龄特点所限制，要学会尊重幼儿的发展。

(二)分析教师

1.教师要做孩子的心灵发现者，了解孩子所需，给予支持。

如何支持，就要教师站在相信孩子的角度，先来当安静的欣赏者，不打扰、不评价，给孩子营造开放、接纳的精神环境。同时给孩子的自主探索，创造充分的活动空间与游戏空间。

2.当孩子想要借助其他材料代替炮弹时，教师给予默默的支持，发现孩子需求后帮忙一起寻找，满足孩子丰富游戏创作的需要。

3.让孩子在愉悦的情绪下，自由、自主地探究，享受游戏的过程。且在不断地思考、探索、发现、解决的过程中，逐步提高游戏水平。

游戏是孩子的活动，是发展孩子思维与能力、培养好习惯的活动。教师在上述案例中，体现出高度重视游戏活动开展，从尊重幼儿想法开始，注重幼儿自主选择、自主决策、自主操作、自选伙伴、自取材料、自主表达的完整思维过程。同时教师对师幼有效互动和享受游戏过程也进行了细致描述记录，体现了教师在游戏中的角色定位和对幼儿发展的角色定位。

游戏是最基本的活动，是孩子重要的学习方式。在今后的实践中注重幼儿自主条件下的深度学习是我园下一步的研究重点。继续以"敬畏生命、敬畏儿童、敬畏教育"为宗旨，开展一日生活的实践研究，"以幼儿的视角为起点、以幼儿胜任为标准、以幼儿方便原则"让孩子的游戏生活体现流畅性、生长性和教育性的有机融合。

后记

　　教育是太阳底下最辉煌的事业,教师是践行辉煌事业的使者,带着理想、带着憧憬、带着美好,一路向前。

　　"路漫漫路漫漫其修远兮,吾将上下而求索",在日益快速发展的今天,在教育改革进入深水区的重要时刻,作为一名30多年的教育工作者,奉献自己的教育智慧、教育经验、教育感悟,以为更多的年轻教师做好教育的铺路石为己任,继续一步一阶潜心研究与实践。由于自己水平有限,只能原原本本地把管理实践和教育研究过程呈现出来,其中也许会有点滴能与大家产生共鸣,但深知教育是"仁者见仁、智者见智"的过程,在此恳请各位老师多多理解与包涵。